广西壮族自治区"十四五"职业教育规划教材

城市轨道交通安检安保岗位实务

主　编　崔彩霞　张　强　武艳磊
副主编　覃薛宇　王晓娟　赵忠良　李雅禄
参　编　党金凤　覃　静　邱雪妮　崔祥寿　孟德益　黎家嘉

◎ 项目式新形态教材
◎ 校企合作编写
◎ 配套教学课件

同济大学出版社
TONGJI UNIVERSITY PRESS
·上海·

内 容 提 要

本书由校企共同开发编写,从企业岗位技能需求出发,确定教学大纲,选取教学内容,选择教学方法,配套教辅资料,进行一体化的教学内容设计。

本书包括城市轨道交通安检岗位认知、安检设备及其操作、辨识危险品和违禁品、城市轨道交通安检礼仪素质培养、安检安保人员的日常训练、安检安保人员的法律素质培养、突发事件的应急处置七个教学项目。每个项目细分成多个任务,让学生逐步学习。本书在理论学习之后设计了各种各样的工作任务,以任务驱动教学引导学生学习,激发学生的学习兴趣。

本书提供了丰富、实用的案例分析,实用性强,可供高等职业院校城市轨道交通运营管理专业学生学习使用,也可供城市轨道交通安检安保岗位的工作人员以及从事相关领域研究的专业人员参考借鉴。

图书在版编目(CIP)数据

城市轨道交通安检安保岗位实务/ 崔彩霞,张强,武艳磊主编. -- 上海:同济大学出版社,2023.7
 ISBN 978-7-5765-0884-0

Ⅰ.①城… Ⅱ.①崔…②张…③武… Ⅲ.①城市铁路—交通运输安全—安全检查 Ⅳ.①U239.5②U298

中国国家版本馆 CIP 数据核字(2023)第 134358 号

城市轨道交通安检安保岗位实务

主　编	崔彩霞　张　强　武艳磊		副主编	覃薛宇　王晓娟　赵忠良　李雅禄		
责任编辑	任学敏	助理编辑	朱华茗	责任校对	徐春莲	封面设计　陈益平

出版发行	同济大学出版社　www.tongjipress.com.cn (地址:上海市四平路1239号　邮编:200092　电话:021-65985622)
经　销	全国各地新华书店
制　作	南京月叶图文制作有限公司
印　刷	常熟市大宏印刷有限公司
开　本	787mm×1092mm　1/16
印　张	10.25
字　数	250 000
版　次	2023年7月第1版
印　次	2024年7月第2次印刷
书　号	ISBN 978-7-5765-0884-0
定　价	42.00元

本书若有印装质量问题,请向本社发行部调换　　版权所有　侵权必究

前 言

随着我国城市化进程的加快,城市轨道交通作为现代城市重要的公共交通系统,其建设和发展已经成为国家发展的重点。然而,城市轨道交通在运营过程中也面临着各种安全隐患,如恐怖袭击、火灾等,这些都可能给人民群众的生命财产造成巨大损失。党的二十大提出"推动公共安全治理模式向事前预防转型"思想,强调要坚持安全第一、预防为主,建立大安全大应急框架,完善公共安全体系。培养安检安保人才,加强城市轨道交通安检安保工作,保障城市轨道交通的安全运营,已经成为当务之急。

本书正是为配套城市轨道交通运营管理专业的专业必修课程"城市轨道交通安检安保岗位实务"而精心编写的,顺应时代要求,为城市轨道交通安检安保专业学生及从业人员提供一个全方位、系统化的学习平台,进一步提高他们的业务素质和服务水平,为城市轨道交通的安全运营和广大群众出行提供更加坚实的保障。同时,本书还注重贯彻"以人民为中心"的发展思想,突出人本因素,加强安检安保岗位职业道德和职业操守的培养,提高从业人员的安全意识和服务意识,为保障广大群众安全出行提供更加优质、高效的服务。

本书具有以下特色:

(1)校企合作,工学结合

本书是广西理工职业技术学院与华信中安保安服务有限公司南宁分公司校企联合共同开发编写的。编写者从企业岗位技能需求出发,确定编写大纲,选取内容,突出重难点。

(2)能力导向,贴近岗位

在本书编写前,编写团队深入城市轨道企业安检岗位调研,并且部分团队成员分时段顶岗实习,学习岗位技能,把握岗位能力的需求。在编写过程中,专兼职教师依据岗位工作标准,共同探讨确定教材内容,进行一体化的教材设计。另外,华信中安保安服务有限公司南宁分公司为本书的编写提供了相关标准及大量的案例素材。

(3)项目教学,任务驱动

本书首先选定了项目,然后将每个项目细分成具体的任务。在每个任务中以案例引入相关理论知识，并设计了任务实施过程，以任务驱动的方式引导学生学习，激发学生的学习兴趣。

本书共有7个项目，23个任务，涵盖了安检安保岗位职责、工作流程、设备使用等方面的内容。每个项目内容包括知识要点、学习目标、案例引入、相关理论知识、任务实施、任务评价、思考练习题七个环节。使用本书教学过程建议采用理实一体化教学，可选用任务驱动法、情境演练、角色扮演等教学方法。相关电子资源请扫描封底二维码获取。

本书由崔彩霞、张强、武艳磊任主编，负责全书结构设计和统稿；由覃薛宇、王晓娟、赵忠良、李雅禄任副主编。崔祥寿、党金凤、覃静、邱雪妮、孟德益、黎家嘉参与了本书的编写工作。具体编写分工为：张强编写项目一，王晓娟、黎家嘉编写项目二，崔彩霞、邱雪妮编写项目三，李雅禄、覃静编写项目四，赵忠良、孟德益编写项目五，覃薛宇、党金凤编写项目六，武艳磊、崔祥寿编写项目七。

限于作者时间和水平，书中疏漏之处在所难免，恳请广大专家、读者批评指正。

编　者
2023年3月

本书配套教学资源二维码索引

二维码名称	二维码	二维码位置	二维码名称	二维码	二维码位置
电子资源		封底	引导拒绝安检乘客安检视频		91页
手检视频		17页	引导携带违禁物品乘客出站视频		91页
X光安检机显示的彩色图像		52页	下潜动作演示视频		95页
待识别物品X射线图像		56页	单臂抓握解脱演示视频		96页
			双臂抓握解脱演示视频		96页
乘客徒手进站引导视频		89页	抓胸解脱演示视频		97页
引导携带箱包乘客安检视频		89页	长警棍的使用视频		100页
引导携带可疑物品乘客开包检查视频		90页	多人协作处置视频		103页

目 录

前言

项目一　城市轨道交通安检工作认知 ……………………………… 1
　　任务一　城市轨道交通安检岗位认知 ………………………… 2
　　任务二　安检岗位作业内容认知 ……………………………… 6
　　任务三　安检人员的业务技能培养 …………………………… 14

项目二　安检设备及其操作 …………………………………………… 21
　　任务一　安检设备认识 ………………………………………… 22
　　任务二　手持金属探测器原理及操作训练 …………………… 25
　　任务三　X光安检机原理及操作训练 ………………………… 29
　　任务四　金属探测门原理及操作训练 ………………………… 35
　　任务五　危险液体检测仪原理及操作训练 …………………… 39

项目三　辨识危险品和违禁品 ………………………………………… 45
　　任务一　认识各类危险品、违禁品 …………………………… 46
　　任务二　辨识和分析危险品、违禁品 ………………………… 52
　　任务三　处置可疑物品 ………………………………………… 59

项目四　城市轨道交通安检礼仪素质培养 …………………………… 65
　　任务一　安检安保人员服务礼仪认知 ………………………… 66
　　任务二　安检安保人员的仪容仪表塑造 ……………………… 69
　　任务三　安检安保人员的仪态礼仪训练 ……………………… 74

项目五　安检安保人员的日常训练 ……………………………………… 83
任务一　安检安保人员的队列训练 ……………………………………… 84
任务二　安检引导手势和语言训练 ……………………………………… 89
任务三　个人防卫技能训练 ……………………………………………… 93
任务四　防暴器械的使用与多人协作处置训练 ………………………… 99

项目六　安检安保人员的法律素质培养 ………………………………… 105
任务一　安检安保人员法律基础认知 …………………………………… 106
任务二　安检安保人员法律素质培养 …………………………………… 118
任务三　安检安保人员法律条文应用 …………………………………… 122

项目七　突发事件的应急处置 …………………………………………… 129
任务一　城市轨道交通突发事件应急处置认知 ………………………… 130
任务二　各类突发事件应急处置 ………………………………………… 134

附录 …………………………………………………………………………… 146
附录 1　南宁市城市轨道交通禁止限制乘客携带的具体物品目录 …… 146
附录 2　《南宁市城市轨道交通禁止限制乘客携带的具体物品目录》
　　　　未列明物品安检处置标准 …………………………………… 148
附录 3　南宁市城市轨道交通安全检查操作规范 ……………………… 150

参考文献 ……………………………………………………………………… 156

项目一

城市轨道交通安检工作认知

知识要点

1. 安检工作的性质与特点;
2. 安检各岗位职责及工作流程;
3. 安检人员的职业道德素质。

学习目标

1. 知识目标:
(1) 了解地铁安检的概念、性质和特点;
(2) 掌握地铁安检工作的要求;
(3) 了解安检人员职业道德规范的要求与内容;
(4) 了解安检人员工作流程;
(5) 掌握安检岗位交接班作业标准;
(6) 掌握各安检岗位的工作职责;
(7) 掌握各安检岗位的业务技能。
2. 能力目标:
(1) 能够根据作业标准完成安检工作;
(2) 能够独立履行各岗位职责;
(3) 能够相互配合完成安检工作。
3. 素质目标:
(1) 培养独立分析能力;
(2) 培养安全意识及爱岗敬业的职业素养。

任务一
城市轨道交通安检岗位认知

案例引入

城市轨道交通系统已逐步成为现代化大都市重要的干线交通工具，不仅缓和了城市交通的拥堵现状，而且绿色环保、节能减排，在城市的社会经济建设中发挥着不可替代的作用。城市轨道交通虽然带给大家便利，但由于轨道交通的空间特殊性、结构紧凑性、电器密集性、运行高速性等特点，一旦发生因携带危险品进站而引发的突发性安全事故，往往会造成群体性伤亡，并引发拥挤踩踏等二次伤害，进一步扩大伤亡，给国家与社会带来不可估量的损失。

综观国内外轨道交通事故，其中不乏因乘客携带危险品进站而引发的突发性安全事故。2022年11月29日，广州一男童在地铁上因硫酸滑倒，身体出现灼伤，当日，广州地铁发布情况通报，称硫酸系一名乘客携带进入车厢后意外渗漏，事件反映了地铁安检管理等方面存在疏漏。（资料来源：广州地铁官方微博）

2018年6月26日，郑州东至安阳东的G6602次列车刚运行突然发出火灾报警信息，火灾报警的信息定位于列车3车厢的卫生间，原因是一名女乘客在密闭的卫生间中使用大量的防晒喷雾，触发了列车的烟感探头报警系统，进而导致列车急停，处理整个事件导致该趟列车晚点3分钟，并导致后续列车延误。（资料来源：《南方都市报》官方微博）

为避免安全事故的发生，我国城市轨道交通系统所有车站均专门配置了安全检查人员，对乘客携带的物品进行检查。城市轨道交通安检工作人员要了解其岗位的工作职责、规范、流程，遵守相关法律法规，根据安检规定进行相关检查。

相关理论知识

一、城市轨道交通安检的定义

（一）城市轨道交通安检的概念

安检全称安全检查，所谓城市轨道交通安检则是指在城市轨道范围内实施为防止危害城市轨道交通公共安全的事件发生，保障乘客安全所采取的一种强制性技术性检查。

(二)城市轨道交通安检的性质和特点

城市轨道交通安检工作根据相关法律法规的规定,在轨道交通车站设立专门的安检点,配置安检设备和专业人员,对乘客携带的物品进行检查,防止乘客携带易燃、易爆、有毒等危险品以及管制器械等会对乘客造成危险的物品进站上车,是保证城市轨道交通公共安全的重要举措。

传统的安全检查设备有 X 光安检机、金属探测门、手持金属探测器等,它们在安全检查工作中发挥了重要作用。安全检查专业人员需具备操作安全检查设备,以及识别危险品、违禁品的能力。

1. 城市轨道交通安检的工作性质

安检是城市轨道交通安全保卫工作的重要组成部分,是城市轨道交通运营单位依据国家和地方相关法规,为保障地铁安全,对乘客的人身和携带物品进行的公开安全检查,具有强制性和专业技术性。

2. 城市轨道交通安检的特点

城市轨道交通便捷、准时、容量大,所以安检人员要在较短时间内对进入安检区域的人员及其携带的物品进行安全检查工作,一旦有疏漏,就可能会造成严重的后果。城市轨道交通安检的特点如下。

(1)责任重大

安检工作是防范各类易燃易爆和其他严重威胁城市轨道交通公共安全的违禁品进入的第一道关口,也是最重要的关口,安检人员一丝一毫的疏忽都可能带来不可挽回的损失。

(2)劳动强度高

安检的工作时间与城市轨道交通运营时间保持一致,安检人员必须起早贪黑。地铁的客流量巨大,相同数量的地铁安检人员与机场安检人员所服务乘客数之比是 30∶1。

(3)技术含量高

安检人员必须借助高科技设备和娴熟的个人技能才能有效完成相关工作。一个优秀的安检人员必须经过自身的努力学习和长时间的工作积累才能胜任工作。

(4)易引发纠纷

安检人员的工作是地铁站内各工种中与乘客接触机会最多,也是最容易不被乘客理解的工作。安检工作非常容易引发与乘客的纠纷。

二、城市轨道交通安检的要求

(一)安全第一,严格检查

保证城市轨道交通公共安全是安全检查的宗旨和根本目的,而严格检查则是实现这个目的的手段,也是对安检人员的要求。所谓严格检查,就是严密地组织各项勤务,执行各项规定，落实各项措施，发扬对乘客高度负责的精神，牢牢把好安全检查关，切实做到任何违禁品不漏检，任何可疑人员不放过，以确保地铁和乘客的安全。

（二）坚持制度，区别对待

相关法规以及有关安全检查的各项规章制度和规定，是指导安全检查工作的实施和处理各类问题的依据，必须认真贯彻执行，决不能有法不依，有章不循。同时，还应根据不同情况和不同对象，在不违背原则和确保安全的前提下，灵活处置各类问题。通常情况下对各种乘客实施检查，既要一视同仁，又要注意区别对待，明确重点，有所侧重。

（三）内紧外松，机智灵活

内紧是指安检人员要有敌情观念，要有高度的警惕性和责任心、紧张的工作作风、严密的检查程序，要有处置突发事件的应急措施等，让犯罪分子无空可钻。外松，是指检查时要做到态度自然，沉着冷静，语言文明，讲究方式，按步骤有秩序进行工作。机智灵活是指在错综复杂的情况下，安检人员要有敏锐的观察能力和准确的判断能力，善于分析问题，从受检人员的言谈举止，行装打扮和神态表情中，察言观色，发现蛛丝马迹，不漏检任何可疑人员和物品。

（四）文明执勤，热情服务

地铁是地区和政府的窗口，安全检查是城市轨道交通运营管理和服务工作的一部分，检查人员要树立全心全意为乘客服务的思想，要做到检查规范，文明礼貌，着装整洁，仪表端庄；举止大方，说话和气，"请"字开头，"谢"字结尾；尊重不同地区不同民族的风俗习惯。同时要在确保安全和不影响正常工作的前提条件下，尽量为乘客排忧解难。对伤、残、病乘客给予优先照顾，不能伤害乘客的自尊心；对孕妇、幼童、老年乘客要尽量提供方便，给予照顾。

任务实施　认识安检工作

一、任务描述

分组讨论对安检工作的认识。

二、任务指导（教师）

（1）学生分组，每个小组讨论城市轨道交通安检的相关问题和认识。

（2）给出指导方向和讨论问题的范围：城市轨道交通安检的目的、意义和操作等。

（3）通过引导激发学生的讨论热情，鼓励学生发表自己的观点和见解。

三、任务操作（学生）

（1）小组讨论：学生按照教师指导的方向和问题范围进行讨论，先各自阐述个人认识，然后相互交流讨论，最终给出小组共识或结论。

（2）总结汇报：每个小组派出代表进行总结汇报，介绍小组的讨论过程、结论和思考。同时，其他小组可以进行评论和提问互动。

（3）反思和评价：学生和教师一起对本次讨论进行反思和总结，并对讨论的质量和效果进行评价。

任务评价

考评任务		配分	考评指标	学生自评	小组互评	教师评定
知识准备	基础理论知识回顾	5	未掌握安检工作性质扣1分；未掌握安检工作的特点扣2分；未掌握安检员岗位要求扣2分			
任务组成	查阅资料	5	资料不全面扣1分；资料准确性低扣1分；整理和分析不足扣1分			
			未在规定时间完成扣2分			
	查找安检工作的目的和意义	18	保障安全（未找出扣6分，找出但未拓展描述扣3分）			
			预防事故发生（未找出扣6分，找出但未拓展描述扣3分）			
			提高安全意识（未找出扣6分，找出但未拓展描述扣3分）			
	查找安检作业的类型	32	安全门检查（未找出扣8分，找出但未拓展描述扣4分）			
			手持金属探测器检查（未找出扣8分，找出但未拓展描述扣4分）			
			X光安检机检查行李（未找出扣8分，找出但未拓展描述扣4分）			
			液体检查（未找出扣8分，找出但未拓展描述扣4分）			
	任务汇报	10	汇报内容不完整酌情扣1~5分；汇报内容不准确扣5分			
		10	汇报成员仪态礼仪不标准扣1~5分；语言表达能力欠缺扣1~5分			
实施过程中表现		10	旷课扣10分；迟到扣5分；上课睡觉扣5分			
协调合作，成果展示		10	不参与小组讨论扣5分；不在组内发言记录扣3分；不进行小组讨论总结扣2分			
总成绩（学生自评占30%，小组互评占40%，教师评定占30%）						

任务二 安检岗位作业内容认知

案例引入

2018年9月1日午间，有乘客反映广州地铁3号线一列列车有不明气体侵入，导致乘客不适。对此，广州地铁于16时30分通报称，经初步核查，系车上乘客发生口角时使用了刺激性气味的喷雾。令人困惑的是，广州地铁实行"物过安检机、人过安检门"的原则，有刺激性的喷雾是如何避开安检被带上列车的？

城市轨道交通运营安全应该以保证乘客安全为中心，本着"安全第一、预防为主、综合治理"的方针和"以人为本"的原则。安检人员应该加强职业道德素养、增强安全意识、提高业务技能，做到防患于未然。

相关理论知识

一、安检人员的职业道德规范

（一）职业道德的含义

职业道德，是人们在职业活动中应遵循的特定职业规范和行为准则，即职业内部、职业之间、职业与社会之间，人与人之间关系应当遵循的思想和行为规范。它是一般社会道德在不同职业中的特殊表现形式。职业道德不仅是从业人员在职业活动中的行为标准和要求，而且是本行业对社会所承担的道德责任和义务。职业道德是社会道德在职业生活中的具体化。

（二）安检人员职业道德规范的基本要求

安检人员职业道德规范是社会主义职业道德在地铁安检职业活动中的具体体现，既是安检人员处理好职业活动中各种关系的行为准则，也是评价安检人员职业行为好坏的标准。鉴于安检工作的特殊性，安检人员职业道德规范应首先从观念上解决好以下四个方面问题。

1. 树立风险忧患意识

安全检查的根本目的是保障乘客人身安全及地铁运营安全，严防危害公共交通安全的非法行为发生，严厉惩罚和打击犯罪行为。进入 21 世纪，国内外针对公共交通的犯罪活动频发：2014 年 3 月 1 日，云南昆明火车站暴力恐怖案，死亡 29 人，伤 143 人；2013 年 6 月 7 日，福建厦门地铁纵火案，死亡 47 人，伤 34 人；2011 年 4 月 11 日，白俄罗斯明斯克"十月"地铁站恐怖爆炸事件，至少死亡 12 人，伤 204 人。这些恐怖破坏活动，危害极大，伤亡惨重，影响极坏，受到世界舆论的强烈谴责。由此可见，恐怖袭击和极端暴力犯罪对公共交通的威胁很大，特别是对地处密闭空间的地铁的威胁更大。每一名安检人员必须牢固树立安全忧患意识，坚决克服松懈、事不关己等心理，保持高度警惕的精神状态，将各种安全隐患及时消灭在萌芽状态。

2. 强化安全责任意识

任何职业都承担着一定的职业责任，职业道德把忠实履行职业责任作为一条主要的道德规范。从认识上、情感上、信念上以至习惯上培养忠于职业的自觉性，坚决谴责任何不负责任的态度和行为，对无视职业责任造成严重损失的，将受到法律制裁。安检的每一个岗位，都与乘客的生命财产安全紧密相关，地铁安全无小事。安全责任重于泰山，安检人员必须时刻保持清醒的头脑，正确分析安全形势，明确肩负的安全责任，做到人在岗位，心系安全，坚持安全检查的严格标准一点不松，操作安全检查设备一个不放，履行安检岗位职责一寸不退，确保安全万无一失，让广大乘客放心。

3. 培养文明服务意识

文明服务，是社会主义精神文明和职业道德的重要内容，也是社会主义社会人与人之间平等、团结、互助、和谐的新型人际关系的体现。安检工作既有检查的严肃性，又有服务的文明性。安检人员成年累月地与乘客接触，一言一行不仅代表着城市轨道交通的形象，同时也是个人综合素质及个人形象的体现。因此，每个安检人员都要自觉摆正安全检查与文明服务的关系，摆正个人形象与企业形象的关系，及时纠正粗鲁、生硬等不文明的检查行为，做到姿态美、行为美、语言美，规范文明服务的管理，塑造安检队伍良好的文明形象。

4. 确立敬业奉献意识

安检职业的特点，要求安检人员必须把确保城市轨道交通运营安全、乘客人身财产安全放在职业道德规范的首位，要求安检广大管理人员、安检人员要有强烈的事业心，高度的责任感和精湛的技术技能，具有严格的组织纪律观念和高效率、高标准的工作作风，具有良好的思想修养和服务态度。

从安检岗位所处的特殊环境看，安检人员要确立敬业奉献意识，必须正确面对三个考验：一是严峻的反恐防暴形势考验。安检队伍是在严峻的安保形势中产生和发展的，年复一年、日复一日地经受一次又一次的考验，消除各种安全隐患，做好城市轨道交通安全的第一道防护工作。二是繁重任务、严格要求的岗位考验。安检人员长年累月艰苦奋战在一线，起早贪黑，连续作战。三是个人利益得失的考验。在繁重的安检工作中，个人家庭生活会受到不同程度的影响，紧张的工作环境也容易引起思想波动。为了地铁的整体利益，为了城市轨道交通运营安全的万无一失，每个安检人员要在其位尽其责，经受考验，视乘客安全为自己的生命，热爱安检岗位，乐于无私奉献，立足安检岗位建功立业。

（三）安检人员职业道德规范的基本内容

安检人员职业道德规范，要在确保安全的前提下，以全心全意为人民服务和集体主义为道德原则，把"严格作业标准，保证安全第一"落实在安检人员的职业行为中，树立敬业、勤业、乐业的良好道德风尚。根据地铁安检工作的行业特点，安检职业道德规范的基本内容有以下五方面。

1. 爱岗敬业，忠于职守

爱岗敬业，忠于职守是安检人员最基本的职业道德，它的基本要求如下：一要忠实履行岗位职责，认真做好本职工作。无论是进行乘客人身检查还是行李物品检查，都要做到兢兢业业，忠于职守。二是要以主人翁的态度对待本职工作，树立事业心和责任感。安检工作是确保地铁运营安全，保障乘客人身财产安全的第一道屏障，安检人员作为备战在地铁一线的安保工作人员，应当主动为地铁安全分忧，自觉为安检岗位操心，牢记"保持真诚，服务大众"的服务宗旨，做好本职工作，严格查堵危险品，严格检查可疑人员，一言一行向乘客负责，为城市轨道交通运营安全保驾护航。三是树立以苦为乐的思想意识。正确对待个人的物质利益和劳动报酬等问题，乐于为安检做贡献。

2. 钻研业务，提高技能

职业技能也可称为职业能力，是我们在职业活动中体现职业责任的能力手段。它包括实际操作能力、处理业务的能力以及相关的理论知识的掌握情况等。

安检人员提高业务技能应下功夫抓好三个基本功的教育训练：一是系统的安检基础理论学习。如相关的法律法规、安检设备的种类、安检的对象、安检程序、安检方法及安检礼仪素质等。二是精湛的业务操作技能。无论是X光安检机检查、各类爆炸物检测仪的检查、人身检查，还是开包检查，实质上都是技巧性很强的工作，每个安检人员都应当努力做到一专多能，在技能上精益求精，成为合格的工作人员。三是灵活的现场应急处置技能。安检现场是成千上万乘客流动的场所，各种情况复杂多变，突发问题随时可见，提高现场灵活的处理能力显得更为重要。

3. 遵纪守法，严格检查

遵纪守法是指每个人都要遵守职业纪律与职业活动相关的法律、法规。严格检查，确保安全是安检人员的基本职责和行为准则。遵纪守法，严格检查的基本要求：

一是要求安检人员在安检过程中，必须做到依法检查和按照规定的程序进行检查。《城市轨道交通运营管理办法》和《城市轨道交通乘客守则》等相关规定，为安检工作提供了法律依据，也是安检工作步入法治化的新契机。安检人员要改正盲目性和随意性的不良习惯，强化法律意识，吃透法律精神，严格依法实施安全检查。二是在实施检查过程中，安检人员要做到一丝不苟，全神贯注，严把物品检查、人身检查、开包检查各道关口，各个岗位之间要协调配合，将所有违禁品、嫌疑人员排挡在外。

4. 文明执勤，热情服务

文明执勤，优质服务，是安检人员职业道德规范的重要内容。要真正做到文明执勤，必须从以下三方面着手：一是文明执勤必须端正服务态度。安检人员要以满腔热情对待工作，以主动、热情、诚恳周到、宽容耐心的服务态度对待广大乘客，反对冷漠、麻木、高傲、粗鲁、野蛮的恶劣态度。二是文明执勤要规范化服务。安检人员在执勤时要仪容整洁、举止端庄；说话和气，想乘客所想、忧乘客所忧，树立乘客至上的助人为乐行业新风。三是必须摆正严格检查与文明服务的辩证统一关系，二者是相互紧密联系的整体。

5. 团结友爱，协作配合

团结友爱，协作配合，是职业团体内部人与人之间，以及协作单位之间关系的职业道德规范，是社会主义职业道德集体主义原则的具体体现，是建立平等友爱互助协作新型人际关系，增强整体合力的重要保证。

对城市轨道安检这一特定的职业来说，只有加强安检团队内部人与人之间的团结协作，加强与属地车站及驻站派出所的密切联系与协作配合，形成完善的联动机制，才能为地铁安全铸造一道牢固的安全防线。

二、安检人员工作流程

（一）安检人员各时段工作流程

1. 上岗前的工作流程

（1）安检人员上岗签到，参加当班车站的班会，熟悉通知或要求。

（2）相互检查仪容仪表，要求着装整齐、仪容良好。

（3）检查安检设备及其他相关用品的齐备、完好情况，做好安检设备的调试，如图1-2-1所示。

2. 上岗中的工作流程

（1）按照业务流程开展安检工作。

（2）在非高峰时段根据各个车站运营情况休息、就餐。

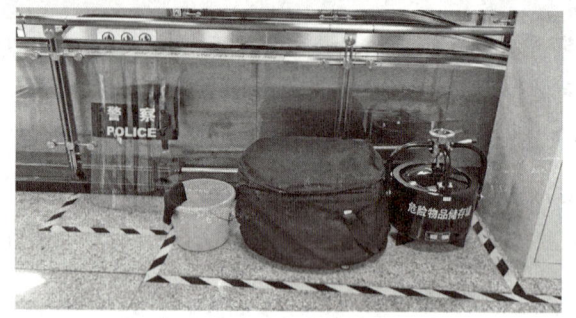

图 1-2-1　安检人员岗前设备检查

3．交接班的工作流程

（1）接班人员当面确认安检器材、设备及相关用品是否齐备、完好。

（2）交班人员向接班人员传达上级指示、问题及处理结果、设备情况、注意事项等。

（3）交班人员在接班人员完成岗位接替，并在"安全检查工作登记簿"上签字后方可离岗。

4．运营结束的工作流程

（1）正常关闭安检设备。

（2）对安检设备及其相关用品进行清点，清点完成后安全存放。

（3）做好当日安检工作数据统计工作。

（二）安检岗位交接班作业标准

为避免因安检岗位交接班期间发生的漏检情况，安检交接班、轮岗工作需遵循提前准备、快速交接的工作原则。

交接班工作程序：交接双方必须迅速完成工作岗位交接，做到接班人不到位，交班人不离开工作岗位；交接班时，交班人必须把本班情况告知接班人，并认真填写交接班记录。班组交接过程中，需要使用伸缩带封闭安检区域，交接班双方人员完成交接工作后，恢复正常安检工作秩序；接班人需要提前做好准备，非特殊情况交接班时间不多于1分钟（不能空岗）。交接班作业如图 1-2-2 所示。

图 1-2-2 交接班作业

轮岗工作程序：因工作需要，安检点各岗位之间需要轮岗替换的，替岗人员要迅速开展岗位替换工作，换岗期间杜绝安检漏检情况，特殊环境下可封闭安检点但封闭时间不应超过 20 秒。

三、安检岗位职责

车站逢人必查安检点设置岗位：引导员、值机员、开包手检员和手持金属探测器安检人员四类。引导员、值机员、开包手检员岗位职责根据《城市轨道交通安全检查操作规范》要求执行。逢人必查是指安检人员依法对进站人员人身及所携带的行李物品等使用专业设备仪器进行逐人、逐件全覆盖式的安全检查。

（一）安检人员通用岗位职责

(1) 参加业务培训和军事训练，提高业务知识。
(2) 保持良好个人形象、维护城市轨道良好社会形象。
(3) 熟练掌握各种安检设备的操作及违禁品识别方法。
(4) 了解工作区域基本情况。
(5) 及时上报各类异常信息。
(6) 依法合理地处置突发事件，做好各类相应记录。
(7) 宣传安检相关法规制度。
(8) 监控车站客流，引导乘客进入安检通道。
(9) 维护保持工作区域清洁卫生。

（二）引导员岗位职责

(1) 负责观察进站客流动向，向值机员或同伴预警可疑人员和物品。
(2) 及时提醒携包人员接受 X 光安检机检查，分流无行李人员快速通过。
(3) 提醒开包手检员对可疑人员或物品，尤其是手持液体，进行查验。

（4）提醒乘客及时取走各自物品，防止误拿、错拿、漏拿。

（三）值机员岗位职责

（1）熟记易燃、易爆及其他禁入城市轨道车站危险品的种类和典型外部特征。

（2）熟练操作X光安检机，能够通过图像识别各类危险品，及时、准确地发现可疑人物。

（3）严格遵守上报流程，及时准确并采用适当的方法（尤其注意避免惊动危险人员）将安检作业中遇到的各种情况或信息传递给后传员或其他当班同事。

（4）负责各类安检设备的摆放及保管。

（四）开包手检员岗位职责

（1）负责对通过X光安检机后的可疑行包或其他物品进行开包复检。

（2）负责提醒乘客，防止误拿自己的行包或物品。

（3）负责对通过X光安检机后的液体进行复检，执行逢液必检。

（4）负责或配合引导员劝退未过包乘客。

（5）负责安检工作记录簿的填写。

（五）金属探测器安检人员职责

（1）熟记易燃、易爆及其他禁入城市轨道车站危险品的典型外部特征。

（2）对乘客携带超长、超高、超大的物品（体积大于X光安检机检测通道）；易碎物品（玻璃器皿、工艺品）；易损物品（食品、药品、电脑）；金属类工具及尖锐类等不宜机检的物品进行手检。

（3）对可疑人、可疑物进行查验。

（4）对乘客携带的液体执行逢液必检。

（5）严格遵守上报流程，及时、准确，并采用适当的方式（尤其注意避免惊动危险人员）将安检作业中遇到的各种情况或信息传递给同事。

（6）遇特殊群体，包括残障人士、孕妇以及行动不便的乘客主动进行手检。

任务实施　　查阅资料

一、任务描述

查找南宁地铁安检人员相关职业道德规范及相关岗位职责材料。

二、任务指导（教师）

（1）学生分组。

（2）向学生介绍南宁地铁安检人员的职业特点和重要性，并说明了解安检人员职业道德规范和岗位职责的必要性。

（3）在课堂上与学生一起确定搜索关键词："南宁地铁安检员职业道德规范""南宁地铁安检员岗位职责"等，并指导学生如何在搜索引擎（如百度）中进行检索。

（4）对搜索结果的来源和可信度进行讲解，引导学生选择官方发布的相关文件，如南宁地铁公司官网、公告、通知等。

（5）指导学生阅读和分析找到的相关文件，重点理解其中的职业道德规范和岗位职责内容。

（6）要求学生汇总整理所得信息以供使用，可以让学生以小组形式将所得材料制作成 PPT 或写成报告等形式，展示给全班同学。

三、任务操作（学生）

（1）学生通过搜索引擎按要求查找内容。

（2）学生根据教师的引导，对获取的搜索结果进行筛选，选择官方发布的相关文件。

（3）学生分组阅读文本内容，理解相关规定和要求。

（4）学生分组记录和整理有用信息，按照教师的要求准备小组汇报。

任务评价

考评任务		配分	考评指标	学生自评	小组互评	教师评定
知识准备	基础理论知识回顾	5	未掌握安检人员的职业道德扣 2 分；未掌握安检人员工作流程扣 2 分；未掌握安检人员工作职责扣 1 分			
任务组成	查阅资料	5	资料不全面扣 1 分；资料准确性低扣 1 分；整理和分析不足扣 1 分			
			未在规定时间完成扣 2 分			
	检索结果及汇总信息	10	南宁地铁安检人员职业道德［爱岗敬业（未找出扣 2 分）；业务精湛（未找出扣 2 分）；遵纪守法（未找出扣 2 分）；文明执勤（未找出扣 2 分）；团结友爱（未找出扣 2 分）］			
		5	南宁地铁安检岗位设置［每 1 台通道式安检机配备指挥员 1 人（未设置扣 1 分）；值机员 1 人（未设置扣 1 分）；手检员 1 人（未设置扣 1 分）；引导员 1 人（未设置扣 1 分）；安全员 1 人（未设置扣 1 分）］			
		20	南宁地铁安检工作流程［班前准备作业（描述不正确扣 5 分）；安检实施作业（描述不正确扣 5 分）；结束作业（描述不正确扣 5 分）；交接班作业（描述不正确扣 5 分）］			

(续表)

考评任务		配分	考评指标	学生自评	小组互评	教师评定
任务组成	检索结果及汇总信息	15	南宁地铁安检人员岗位职责〔值机员岗位职责（描述不正确扣5分）；手检员岗位职责（描述不正确扣5分）；引导员岗位职责（描述不正确扣5分）〕			
	任务汇报	10	汇报内容不完整扣1～5分；汇报内容不准确扣5分			
		10	汇报成员仪态礼仪不标准扣1～5分；语言表达能力欠缺扣1～5分			
实施过程中表现		10	旷课扣10分；迟到扣5分；上课睡觉扣5分			
协调合作，成果展示		10	不参与小组讨论扣5分；不在组内发言记录扣3分；不进行小组讨论总结扣2分			
总成绩（学生自评占30%，小组互评占40%，教师评定占30%）						

任务三 安检人员的业务技能培养

2019年10月26日，南宁地铁2号线上，一名男性乘客携带刀具成功通过了安检口，后被巡逻民警发现并制止。经查，该男子系出于感情纠纷，打算趁机伤害他人。此事件引起了广泛关注和社会舆论的不满。对此，南宁市地铁公安局表示将深刻反思此次事件，加强地铁安全防范，进一步加强对安检工作流程和制度的落实和监督。

城市轨道车站客流往往比较大，客流来源比较复杂，尤其是在节假日、举行活动等特殊情况下，短时间内会在车站聚集较多乘客。而安检作为乘客乘车的必经环节，安检人员是否能够熟练操作安检设备，严格按照安检相关规定执行安检任务，对整个城市轨道车站工作的顺利进行是非常关键的。

相关理论知识

一、安检人员通用业务技能

（1）统一着装，穿戴整齐。在岗时精神饱满，举止大方，行为端正，态度和蔼，展现良好的职业素养，提升自己的亲和力，减少乘客的抵触情绪。

（2）执勤人员使用礼貌用语，热情有礼，语言表达清晰，声音大小适中。

（3）时刻保持敏锐的观察力和警惕性，及时发现工作中出现的各类突发状况，并能够及时上报，配合车站处理。

（4）熟知地铁车站相关事项（比如该站的运营起止时间等）。

（5）严格遵守相关规章制度以及工作操作规范，做到文明执勤、热情服务、首问负责。

二、引导员业务技能

（1）引导员位于安检通道前1米左右处，并负责宣传、引导、提示乘客接受安检，主动观察每一名进站乘客和携带的物品，注意发现可疑情况。引导员岗位作业如图1-3-1所示。

主要可疑情况有以下六类：

① 汽油桶、油漆桶、压缩钢瓶等明显的危险品；

② 盛装液体的桶、罐、瓶等较大的容器；

③ 没有密封包扎的各种较大口袋；

图1-3-1　引导员岗位作业

④ 长度、宽度、体积和随身携带特征不相符的物品；

⑤ 着装反季、衣冠不整的乘客携带的物品；

⑥ 反复逗留、犹豫不前等与正常乘车行为不符的乘客携带的物品。

（2）制止并处理乘客违反《南宁市城市轨道交通乘客守则》《南宁市城市轨道交通管理条例》的行为，阻止乘客携带三品（毒害品、易燃易爆品、危险化学品）、超长物品进站。

（3）如乘客所携带的包裹、物品未放置在X光安检机进行安检，提示乘客进行安检："您好，请将您携带的行李物品过机安检。"如乘客随身携带液体的，提示乘客进行试喝或检测："您好，请您将随身携带的水（或液体）进行试喝（或检测）。"

（4）如当发现乘客携带三品、超长物品（长宽高之和超过1.6米或重量超过30千克）进站时："先生（或女士），对不起，根据规定，您不能携带××乘坐地铁，谢谢您的配合。"

（5）对乘客携带超长、超高、超大的物品（体积大于X光安检机检测通道）、易碎物品（玻璃器皿、工艺品等）、易损物品（食品、药品、电脑等）及金属类工具及尖锐类等不宜机检的物品，提供安检筐或及时提醒乘客及手检员进行手检。

（6）如遇到高峰大客流情形，引导员须做好乘车进站安检的引导工作，应向乘客进行解释："各位乘客，请按秩序排队进行安检，谢谢您的配合。"

（7）协助受检人将被检物品放置在传送带上，同时观察受检人的神态、动作，遇有可疑情况,示意值机员实施重点检查。

(8)负责安检人员站位、协调安检相关工作;对于不接受安检的要劝阻出站,遇有拒绝安检强行进站的,要及时报告民警到场处理;定时向安检指挥机构报告情况,遇有紧急情况立即报告。

三、值机员业务技能

(1)通过X光安检机成像规律对进入仪器的物品进行初判。

(2)对难以看清的物品使用放大、高穿或超级增加等辅助功能进行判别。

(3)对一时难以准确识别的可疑物,通知或暗示其他岗位的安检人员进行开包或采用其他方式处置。

(4)若显示屏中出现的物品过多,则应停止皮带转动同时提醒引导员限流。

值机员岗位作业如图1-3-2所示。

图1-3-2 值机员岗位作业

四、开包手检员业务技能

(1)开包手检员位于通道式安检机后,对经通道式安检机发现的可疑物品使用爆炸品检查仪、液态危险品检查仪、金属探测器等设备进一步检查,并随时观察受检人的神态、动作,保持警惕。开包手检员岗位作业如图1-3-3所示。

 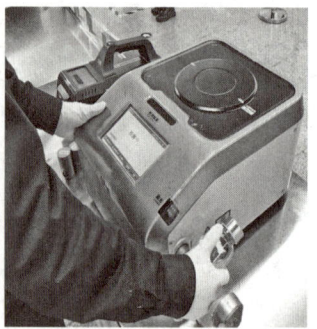

图1-3-3 开包手检员岗位作业

（2）负责维护安检区秩序，在直视范围内与受检人保持适当距离，控制安检中发现的可疑物品，观察并掌握可疑人员动向，遇有突发事件应迅速采取措施进行先期处置并报告公安机关。

（3）开包检查注意事项：检查箱包时必须有受检人在场，注意对贵重物品轻拿轻放，以免损坏，开包手检员要提示乘客"您好，您携带的物品里面可能疑似有限制携带品，请您配合进行查验"；注意对需要试机检查的物品，要求受检人亲自试机（如相机等）；注意检查完毕后，将物品复原。

（4）开包手检员对携带限带物品的乘客应按以下规定进行处置：

① 告知乘客自弃限带物品进站乘车。

② 当查获限带物品后应及时向乘客告知："您携带的某件物品属限制携带物品，请您丢弃不合规定的物品再进站乘车，或者请改乘其他的交通工具。"

③ 当乘客自愿自弃限带物品后，开包手检员须让乘客填写自弃声明，注明自愿放弃对该物品的拥有权，并留下身份证号码和联系电话，经安检人员检查物品包装完好或进行必要的防护措施后方可进站乘车。

④ 当乘客不愿自弃限带物品并执意进站乘车时，开包手检员应郑重告知："您携带的限带物品进站乘车属违规行为，为了您和他人的安全，您可改乘其他交通工具，请您配合。"

（5）开包手检员核查出液体容器时，提醒乘客进行试饮，如乘客不愿意试饮时告知："根据轨道交通管理条例，您所携带的液体需要进行取样检测，请您配合。"征得乘客同意后，使用液体检查仪进行检查。

液体检查步骤如下：

① 提醒乘客将包内或手上的液体交给检员以便进行检查。

② 使用液体探测设备或是用看、摇、嗅等方法进行检查。

③ 如液体安全，谢谢乘客配合，告知其可以进站乘车。如液体可疑，询问乘客液体种类。

④ 如液体为限带禁品，告知乘客相关规定，请其换乘车或放弃物品进站乘车。

⑤ 如液体为禁带品，进行人物分离，示意其他安检人员向公安机关报告，在保证安全的前提下稳住乘客。

五、手持金属探测器安检人员业务技能

手检

执行"逢人必查"车站的手持金属探测器岗位最少配备女性安检员 1 名，对人身进行手检时按照"男不检女"的原则执行。对乘客进行人身检查以仪器检查为主、手工检查为辅，手持金属探测器安检人员岗位作业如图 1-3-4 所示。

（1）伸手提示乘客进行人身检查。手检员45°斜角面向乘客，面带微笑，提前伸手，引导语言为"您好，请您保持双臂微张"。

（2）检查步骤：由左手臂开始，至左肩、左衣领、左前胸、前腰，至左腿一直延伸至左脚脚踝位置，并转向右脚踝，向上延伸至右前胸，在右衣领处手检设备翻面，延伸至右手小臂位置，到此前半身检查完毕；后半身由头部开始手检设备与肩平行向下延伸至后腰位置，再由后右腿以V字形检查到后左腰位置，检查完毕。

图1-3-4　手持金属探测器安检人员岗位作业

（3）检查过程中若发现乘客身上携带的物品为危险性物品时应语言引导乘客到一旁接受检查询问，并第一时间上报相关负责人及公安机关。若未发现危险物品应语言加手势引导乘客进站，并使用感谢词。

（4）发现禁止携带的物品和违法犯罪行为时，立即示意其他安检员向公安机关报告，在保证安全的前提下稳住乘客。依据法律，公民有检举违法犯罪行为的义务，这是对履行安检职责人员的要求。

（5）"逢人必查"应该文明、适度、有序进行，手的力度控制到位，不要触摸乘客裸露皮肤。避免对乘客人身造成不必要的损伤或损坏，检查过程中应当注意保护乘客的隐私。

任务实施　安检岗位实操练习

一、任务描述

（1）模拟演练引导员岗位作业。

（2）模拟演练值机员岗位作业。

（3）模拟演练开包手检员岗位作业。

（4）引导员、值机员、开包手检员、手持金属探测器安检人员岗位联动工作。

项目一　城市轨道交通安检工作认知

二、任务指导（教师）

（1）向学生说明模拟演练的目的和意义，帮助学生更好地理解安检人员工作和体验乘客的角色。

（2）让学生自行组成小组，分别担任乘客和安检人员的角色，并为每个小组分配任务。

（3）安排学生进行演练，对每个小组进行巡视，以确保演练的顺利进行。

（4）教师可以在演练过程中设置一些难题，加强演练的挑战性。

（5）对演练总结与反思，培养学生的团队协作能力及自主学习思维能力。

三、任务操作（学生）

（1）学生按照分配的角色完成相关任务。

（2）安检人员负责检查乘客随身物品，检查乘客是否携带违禁物品，并及时处理违禁物品。

（3）乘客需要准备自己的待安检物品，并遵从安检人员的指示，如有不合理之处，可与安检人员协商解决。

任务评价

考评任务		配分	考评指标	学生自评	小组互评	教师评定
知识准备	基础理论知识回顾	6	安检岗位技能（未掌握引导员岗位技能扣2分；未掌握值机员岗位技能扣2分；未掌握开包手检员岗位技能扣2分）			
任务组成	引导员岗位工作练习	25	着装（未穿制服扣3分；制服有污渍扣1分；配饰不得当扣1分）			
			动作（站姿不标准扣3分；引导手势不正确扣3分；走姿不标准扣3分；应变能力差扣3分）			
			语言（未使用礼貌用语扣2分；语言不流畅扣2分；未使用规定话术扣4分）			
	值机员岗位工作练习	24	着装（未穿制服扣3分；制服有污渍扣1分；配饰不得当扣1分）			
			设备操作（不会启动和关闭X光安检机扣3分；不会使用功能键扣3分）			
			危险品和违禁品的辨识（辨识错误扣10分；超时扣3分）			

(续表)

考评任务	配分	考评指标	学生自评	小组互评	教师评定
任务组成	开包手检员岗位工作练习 25	着装（未穿制服扣 3 分；制服有污渍扣 1 分；配饰不得当扣 1 分）			
		动作（违规开包检查扣 3 分；未能辨识可疑物品扣 5 分；危险品和违禁品处理不当扣 4）			
		语言（未使用礼貌用语扣 2 分；语言不流畅扣 2 分；未使用规定话术扣 4 分）			
实施过程中表现	10	旷课扣 10 分；迟到扣 5 分；上课睡觉扣 5 分			
协调合作，成果展示	10	不参与小组讨论扣 5 分；不在组内发言记录扣 3 分；不进行小组讨论总结扣 2 分			
总成绩（学生自评占 30%，小组互评占 40%，教师评定占 30%）					

思考练习题

一、填空题

1. 职业道德，是人们在职业活动中应遵循的特定_____和_____，即正确处理_____、_____、_____、_____关系应当遵循的思想和行为规范。

2. 安检工作的特点有_____、_____、_____、_____。

3. 引导员位于安检通道前_____米左右处，并负责_____、_____、_____乘客接受安检。

4. 对难以看清的物品使用 X 光安检机_____、_____或_____等辅助功能进行判别。

5. 液体主要通过_____、_____、_____或者使用_____设备等方法进行检测。

二、简答题

1. 简述安检人员职业道德规范的基本要求和基本内容。
2. 安检人员的工作流程有哪些？
3. 简述安检人员交接班程序。
4. 引导员的业务技能有哪些？
5. 值机员的业务技能有哪些？
6. 开包手检员的业务技能有哪些？
7. 手持金属探测器安检人员的业务技能有哪些？

项目二

安检设备及其操作

知识要点

1. 安检设备的种类；
2. 各类安检设备的工作原理；
3. 各类安检设备的使用方法；
4. 各类安检设备的维护保养。

学习目标

1. 知识目标：
(1) 了解安检设施设备的种类；
(2) 掌握各类安检设施设备的工作原理；
(3) 掌握各类安检设施设备的使用方法；
(4) 了解各类安检设施设备的维护保养方法。
2. 能力目标：
(1) 能够正确规范地使用手持金属探测仪并进行日常的维护保养；
(2) 能够正确规范地使用X光安检机并进行日常的维护保养；
(3) 能够正确规范地使用金属探测门并进行日常的维护保养；
(4) 能够正确规范地使用危险液体探测仪并进行日常的维护保养。
3. 素质目标：
(1) 深化轨道交通安全责任意识；
(2) 培养辨识与分析能力。

任务一 安检设备认识

案例引入

我国历史上最早的安检器材应是公元前221年秦始皇建于阿房宫的磁石门。公元前221年,秦始皇为加强安全防范,在修建阿房宫时修建了磁石门。磁石门运用了"磁石召铁"的原理。据《三辅黄图》记载:"阿房宫……以慈石为门,怀刃者止之。"唐代的《元和郡县图志》中有更具体的陈述:"秦磁石门,在咸阳东南十五里。东南有阁道,即阿房宫之北门也,累磁石为之。着铁甲入者,磁石吸之不得过。羌胡以为神。"阿房宫的磁石门就是一个磁性安检设施。

"9·11"事件之后,美国为加强机场安防建设,包括安检门、金属探测器等在内的安检设备的应用显著增加。而在中国,从2004年开始,安检制度在全国法院推行。2008年,在北京奥运会安检等级提高的直接推动下,北京地铁开始实行行李普查,通道式X光安检机得到应用。随后X光安检机在上海等地的地铁中亦开始推广。安检设备在体育场馆、会议中心、旅游景点等地点的应用稳步增长,2012年,开始出现具备一定规模的采购项目,包括奥林匹克公园的安检设备更新、人民大会堂安检设备采购等。近年来,随着技术的不断发展,毫米波成像、三维成像、自动化控制、云计算和人工智能等技术逐步应用于安检作业,安检设备逐渐实现了全方位的覆盖,其具备高效、准确、自动化、智能化等特点,为安全提供了强有力的保障。

相关理论知识

安检设备的全称为安全检查设备,主要包含安检门、手持金属探测仪、X光安检机、危险液体检测仪、鞋内金属探测仪、软管内窥镜等。城市轨道交通安检设备是城市轨道交通安检的基本组成部分之一,能协助安检人员精确快速地对乘客进行安全检查。安检人员须经过专业培训,熟练掌握安检设备的操作方法及维护技能,更好地使用安检设备。

一、安检设备的分类

传统安检设备用于机场、海关、车站、公检法机构等场所,是为预防爆炸、枪击、行凶等案件发生,对货物、人身、场地和携带物品进行安全检查。按照体积和应用领域,可分为大、中、小型设备,大型安检设备主要用于货物的检查,例如海关、机场、铁路的集装箱/车辆检测等,对技术的要求很高;中型设备目前主要用于客运中对行李和人身的检测;小型设备主要是一些便于移动和携带的手持式设备。从产品类别看,主要包括安检、防爆处置和防恐设备三类,其中安检设备包括 X 光安检机、安检门、手持金属探测仪、通过式金属探测门、液体检测仪、爆炸物探测器、金属探测器(门)等;防爆处置设备包括防爆罐、防爆毯、机械手、爆炸物现场勘查箱、危险物品储物罐以及一些辅助设施等;防恐设备包括便携式频率干扰仪、毒气探测仪等。

二、安检设备的发展趋势

现在我国使用的安检设备功能单一,例如现在市场上比较成熟的 X 光安检机,它基于 X 射线穿透成像技术,主要针对小型包裹进行外形和物品种类的判别,但是不能很好地分辨爆炸物、毒品。若要很好地检测上述物品还必须结合离子迁移、化学发光、紫外荧光谱等微量检测技术。X 光安检机也不能对危险放射物进行有效的检测。因此,随着行业要求的提升,城市轨道交通安检设备有着新的发展趋势:

一是复合检查。复合检查就是利用同一台安全检查设备能够对多种违禁品进行检查。例如,既能用传统的 X 射线成像检查箱包内部是否有走私品,也能同时检测爆炸物,还能检测毒品,甚至检查纸币、易燃易爆品等。

二是自动识别。自动识别就是基于被检图像,由计算机给出是否有危险品的判断,用以辅助操作人员作出判断。

任务实施　认识安检设备

一、任务描述

分组查找地铁安检设备,并将各设备的图片、特点、功能等内容做成 PPT 进行汇报。

二、任务指导(教师)

(1)说明任务要求和 PPT 制作的基本要素,包括图片、特点和功能等方面。
(2)强调任务完成的时间要求,并提醒学生提前预留时间进行 PPT 制作。

（3）在过程中不断监督、指导和评价，确保学生能够按时完成任务。

三、任务操作（学生）

（1）学生首先通过搜索引擎等网络渠道查找地铁安检设备的种类、特点和功能等相关信息。

（2）学生根据所查找到的信息，结合教师提供的资料和图片，逐一整理出每种设备的名称、特点和功能等内容，并将其制作成 PPT。

（3）学生在制作 PPT 时，注意幻灯片排版、文字表述和图片清晰度等方面的问题，要保证 PPT 内容准确、简明易懂。

（4）学生在完成任务后，各小组进行任务汇报。

任务评价

考评任务		配分	考评指标	学生自评	小组互评	教师评定
知识准备	基础理论知识回顾	5	不能分析安检设备发展扣5分			
任务组成	查阅资料	5	资料不全面扣1分；资料准确性低扣1分；整理和分析不足扣1分 未在规定时间完成扣2分			
	找出安检设备的类型	3	安全门（未找出扣3分）			
		3	手持金属探测器（未找出扣3分）			
		3	X光安检机（未找出扣3分）			
		3	危险液体检测仪（未找出扣3分）			
	制作汇报PPT	20	内容（未明确列出安全门的特点功能扣5分；未明确列出手持金属探测器的特点功能扣5分；未明确列出X光安检机的特点功能扣5分；未明确列出危险液体检测仪的特点功能扣5分）			
		18	设计与布局（文字图片不清晰扣3分；排版字体颜色不一致扣3分；逻辑性不强扣3分；内容文字多不简洁扣3分；美观性不足扣3分；出现错别字、乱码等扣3分）			
	任务汇报	10	汇报内容不完整扣1~5分；汇报内容不准确扣5分			
		10	汇报成员仪态礼仪不标准扣1~5分；语言表达能力欠缺扣1~5分			
实施过程中表现		10	旷课扣10分；迟到扣5分；上课睡觉扣5分			
协调合作，成果展示		10	不参与小组讨论扣5分；不在组内发言记录扣3分；不进行小组讨论总结扣2分			
总成绩（学生自评占30%，小组互评占40%，教师评定占30%）						

任务二 手持金属探测器原理及操作训练

案例引入

2019年2月16日，南宁地铁1号线上，一名男子通过安检口时被安检人员拦下，因为手持金属探测器发现该男子携带了刀具。安检人员立即将男子和刀具带至安检室进行详细检查，并告知男子携带刀具是违禁行为。男子解释说他是安保人员，因工作需要携带刀具，但他既没有证件也没有得到相关方面的携带批准。最终，男子向安检人员道歉并同意放弃携带刀具进入车站和车厢。该事件引起了地铁乘客对于安全问题的关注。

手持金属探测器通过对金属物品的电磁感应而报警，报警方式主要有声、光与振动。因其小巧轻便，易于携带，是安检过程中人身检查的重要辅助工具，用于查找乘客身上的金属物品，提高安检人员的人身检查效率。

相关理论知识

一、手持金属探测器的组成

手持金属探测器（图2-2-1）由三部分组成，包括机身部分、环形部分和报警部分。机身部分是手持金属探测器的主要部分，它装有主要的电子元件与电源，报警部分也在其中。环形部分产生恒频率磁场，通过金属切割磁场，破坏恒定频率的原理，确定有无金属物及其所处位置。

图 2-2-1 手持金属探测器

二、手持金属探测器的原理

手持金属探测器环形部分内部分布着三组线圈，即中央发射线圈和两个对等的接收线圈，通过中间的发射线圈所连接的振荡器来产生高频可变磁场，空闲状态时

两侧接收线圈的感应电压在磁场未受干扰前相互抵消而达到平衡状态。一旦金属杂质进入磁场区域，磁场受到干扰，这种平衡就被打破，两个接收线圈的感应电压就无法抵消，未被抵消的感应电压经由控制系统放大处理，并产生报警信号。手持金属探测器可以透过非金属物体，比如纸张、木材、塑料、砖石、土壤甚至水层，探测到被覆盖的金属物体。人身检查过程中检测到某一部位，金属探测器若报警则表明此处可能有金属物品。

三、探测深度准确值的影响因素

手持金属探测器有一个正常最大探测深度，为20～30厘米。目标物隐藏得越浅，接收线圈收集到的磁场强度就越大，产生的电流就越大；目标物隐藏得越深，磁场就越弱。如果超过一定深度，目标物磁场强度过于微弱，金属物体就不能被探测到。探测深度准确值受到以下五个因素的影响。

（一）金属探测器的类型

探测技术是影响探测能力的主要因素，不同的生产商、同一生产商的不同型号产品所采用的传感技术和放大技术不尽相同，所以它们的探测能力不同，探测的深度值也不同。

此外，采用同一种技术的不同探测器的探测能力也会有区别。例如，探测器的频率越低，通常发射信号穿透地面的深度越深，但是在低频范围，探测器对小型目标的灵敏度有时会下降；频率越高，则对小型目标的灵敏度就越高，但是同时发射信号的穿透深度也会减少。

（二）目标物的金属类型

不同的金属目标物产生磁场的能力不一样，能产生较强磁场的金属更易于探测。例如，铁能产生较强的磁场，容易被探测，而铝则不容易被探测。

（三）目标物的大小

目标物的大小影响磁通量的大小，从而影响感应强度。目标物越大，感应电流强度越大，越容易被探测。

（四）目标物的成分

某些物质属于自然导体，可能会严重干扰金属探测器，影响探测深度准确值。

（五）目标物的边带效应

如果某些类型的金属目标物隐藏时间比较长，就会增强邻近物质的导电能力，使金属探测器的报警信号增强。

四、手持金属探测器的操作与维护

(一) 手持金属探测器的操作

(1) 打开电源开关,听到"嘀"的声音,绿色电源指示灯亮起,表明电源已经接通,设备正常开机。如果无声音就表示电池电压低,需要给电池充电。

(2) 启动后,手持金属探测器会产生磁场,所产生的磁场是不均匀的,因此,首次使用手持金属探测器时,最好能找到其最佳的磁力区。

(3) 在扫描受检者之前,安检人员必须提前扫描已知的金属物品来测试手持金属探测器是否可以正常工作。

(4) 安检人员握住手持金属探测器,用平坦的一侧接近受检者的身体,距离身体3~7厘米。

(5) 对受检者身体轮廓及身体的前后部进行扫描,若手持金属探测器发出警报,必须停止扫描并解除警报,之后再继续扫描。

(6) 在最后引发警报的地方继续扫描,因为这个地方可能藏匿了其他物品。

(二) 手持金属探测器的维护与保养

(1) 手持金属探测器在不使用时,应将开关置于"OFF",并保持其外表整洁、干燥。

(2) 电池长时间不用一定要取出,并在保存时注意防止短路。

(3) 任何情况下都不可以将手持金属探测器置于水中或者接触大量的水,以防止内部元器件短路损毁。

(4) 使用中,避免探测器与硬物用力碰撞或从高处跌落而损坏内部元器件。

(5) 充电时,一定要确定电池仓中放入可使用的充电电池,切不可给干电池充电,避免发生爆炸。

(6) 为维持手持金属探测器外表整洁,可用湿布擦洗,但不可用化学清洁剂擦洗。

任务实施　手持金属探测器的认识及使用

一、任务描述

练习手持金属探测器的使用。

二、任务指导(教师)

(1) 跟学生一起回顾手持金属探测器的基本原理和工作方式。

(2) 根据安检人员的岗位需求,强调手持金属探测器在地铁安检中的具体使用方法和注意事项。

（3）将学生分组，进行实际操作模拟：手持金属探测器进行调试、使用、检测及维护等。

（4）在实践过程中，针对学生操作中存在的问题，进行现场指导和解决，并给予实时反馈，帮助学生加深对手持金属探测器的认识。

三、任务操作（学生）

（1）学生小组内相互介绍手持金属探测器的组成及工作原理。

（2）学生进行实际操作模拟：手持金属探测器调试、使用、检测及维护等操作。

任务评价

考评任务		配分	考评指标	学生自评	小组互评	教师评定
知识准备	基础理论知识回顾	5	未掌握手持金属探测器的作用扣3分；未掌握手持金属探测器的使用场合扣2分			
任务组成	手持金属探测器的组成介绍	15	未介绍机身部分扣5分			
			未介绍环形部分扣5分			
			未介绍报警部分扣5分			
	手持金属探测器的探测深度影响因素分析	15	未分析金属探测器的类型扣3分；未分析目标物的金属类型扣3分；未分析目标物的大小扣3分；未分析目标物的成分扣3分；未分析目标物的边带效应扣3分			
	手持金属探测器的使用	25	不会开机和调档位扣5分；不会辨别电量多少扣5分；人身检查不完整扣5分；不处理报警扣5分；不重复扫描和检查报警位置扣5分			
	手持金属探测器的维护保养	20	设备清洁度差扣5分；不检查设备功能（如报警）扣5分；不给或不会给设备充电并维护电池扣5分；未检查设备是否有损坏或磨损的部件（如按键、旋钮等）扣5分			
实施过程中表现		10	旷课扣10分；迟到扣5分；上课睡觉扣5分			
协调合作，成果展示		10	不参与小组讨论扣5分；不在组内发言记录扣3分；不进行小组讨论总结扣2分			
总成绩（学生自评占30%，小组互评占40%，教师评定占30%）						

任务三　X光安检机原理及操作训练

案例引入

2021年7月3日晚上，广州地铁4号线客村站，一名男子携带着一把长刀进入地铁站，但被安检人员漏检。这名男子拿着长刀在地铁站内行走了一段时间，最终被工作人员发现并报警。经过调查，发现男子将长刀放在随身携带的箱包中，但是这个箱包没有放平，造成X光安检机无法从正确的角度扫描到刀具。

安检人员需要注重观察乘客携带的物品，并且掌握不同物品的放置扫描方式，以便检查出乘客携带的可疑物品。同时，应该加强安检设备的更新和维护管理，保证设备的准确性和稳定性。重视安检人员的专业技能培训，提高其识别可疑物品的能力。

相关理论知识

一、X光安检机成像检查的基本原理

X射线照射到被探测物体上并穿过物体后，因物体吸收和散射而使其强度衰减，由于其所经过部位的厚度、结构不同或有无缺陷而导致其在各处的衰减程度有差异，结果便形成了一幅射线强度分布不同的"影像"，并可被置于物体后的胶片或荧光屏等记录或显示，以供检测。

目前我国城市轨道交通车站配备的X光安检机为通道式X光安检机，也被称为固定式X射线机，如图2-3-1所示。物品进入X射线检查通道，将阻挡包裹检测传感器，检测信号被送往系统控制部分，产生X射线触发信号，触发X射线的射线源发射X射线束。X射线束穿过输送带上的被检物品，X射线被被检物品吸收衰减后，轰击安装在通道内的半导体探测器。探测器把X射线转变为信号，这些很弱的信号被放大并送到信号处理机箱做进一步处理，之后通过显示屏显示。X射线能穿透包裹，一层层地将包内的物品显示出来。

城市轨道交通安检安保岗位实务

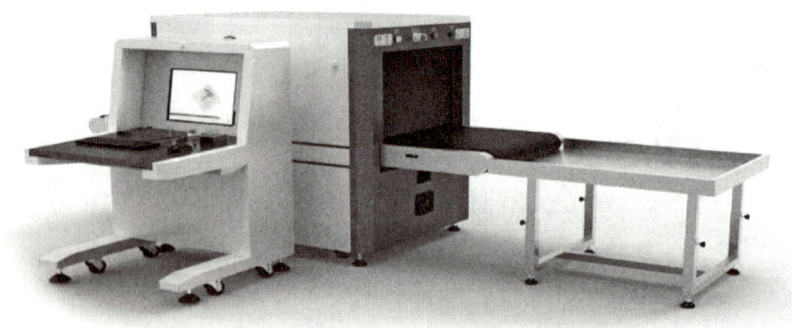

图 2-3-1　通道式 X 光安检机

二、X 光安检机的操作与维护

X 光安检机由机身、传送带、控制台、显示屏、操作键盘等部分组成，如图 2-3-2 所示。

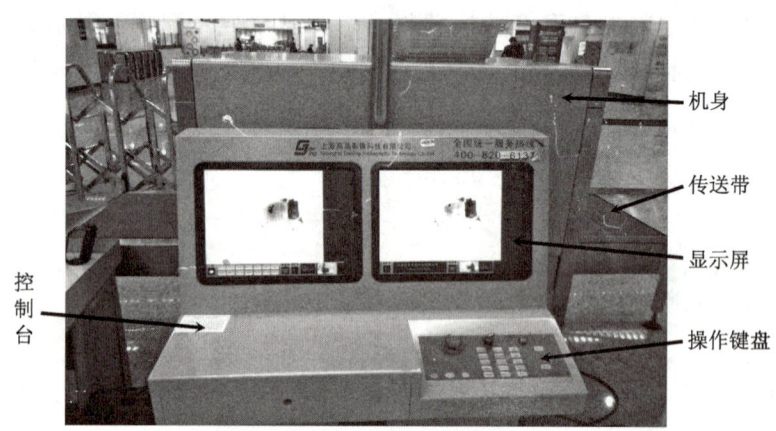

图 2-3-2　X 光安检机

（一）操作流程

（1）开机前检查紧急按钮：确保紧急按钮处于复位状态；确保传送通道内无任何物品，确保 X 光安检机周围没有任何物品。

（2）开机：接通电源，将钥匙插入钥匙开关中，顺时针转至"1"或"ON"所示的位置，钥匙开关右侧指示灯亮起。按下通电按钮使整机上电。将准备自检用的箱包放入 X 光安检机，并检测所有按钮是否能正常使用。待系统自动检测程序完毕，X 光安检机即可正常使用。

（3）检查：将物品平整地放在传送带上，按下前进键启动传送带，物品进入通道并遮住光障，X 射线开始发射并对物品进行扫描，形成的 X 射线图像出现在显示屏上。在下一个物品进入通道前，该物品图像保留在显示屏上。

（二）X光安检机图像的识别方法

（1）整体判读法。整体判读法就是由中间到四周对整幅图像进行判读。观察图像的每个细节，判读图像中的物品是否有联系，有无电源、导线、定时装置、起爆装置和可疑物品。

（2）颜色分析法。颜色分析法根据X光安检机对物质颜色的定义，通过图像呈现的颜色来判断物品的性质。

以公安部第一研究所研制的CMEX系列的X光安检机为例，不同颜色代表的含义如下：

① 红色——非常厚，X射线穿不透的物体。

② 橙色——有机物（如炸药、毒品、塑料）。

③ 绿色——混合物，有机物与无机物的重叠部分。

④ 蓝色——金属无机物。

（3）形状分析法。形状分析法是通过图像中物品的轮廓来判断。有些物品X射线穿不透，但轮廓清晰，可直接判断其种类。

（4）功能键分析法。功能键分析法是充分利用功能键的分析功能对图像进行综合分析比较。反转键有利于看清颜色较浅物的轮廓，有机物、无机物剔除键有利于判断物品的性质。

（5）重点分析法。重点分析法是抓住图像中难以判明性质、X射线穿不透的物品和有疑点的地方重点分析，主要用于液体、配件、电子产品的检查。

（6）对称分析法。对称分析法是根据图像中箱包结构特点找对称点，主要用于对箱包结构中不对称的点状物体或线状物体进行分析比较，发现可疑物体。

（7）共性分析法。共性分析法是举一反三，利用某个物品的结构特征来推断其他同类物品。

（8）特征分析法。特征分析法是结构分析法，利用某个物品结构中的一些特征来判断。

（9）联想分析法。联想分析法是通过图像中一个可判明的物品来推断另一个物品。

（10）观察分析法。观察分析法是通过观察受检人员来判断其所携带的物品是否可疑。

（11）常规分析法。常规分析法是利用图像判断屏幕中显示的物品是否有违反常规的现象。

（12）排除法。排除法是排除已经判断的物品，对其他物品重点分析检查。

（13）角度分析法。角度分析法是联系物品各种角度的图像特征加以分析判断。

（14）综合分析法。综合分析法是利用上述方法中的几种，对图像进行判读。

(三) X 光安检机图像识别的重点及处理方法

（1）发现似有电池、导线、钟表、粉末状、块状、液体状、枪弹状物及其他可疑物品的，应采用综合分析和重点分析等方法。

（2）发现有容器、仪表、瓷器等物品，应在利用功能键辅助分析的情况下进一步识别，如不能确定性质的，应开包检查。

（3）照相机、收音机、录音录像机、电子计算机等电器的检查，应仔细分析内部结构是否存在异常，如存在异常或不能判明物品的性质，应开包检查。

（4）图像模糊不清无法判断物品性质的，可换角度重新放包检查。

（5）如遇受检人声明不能用 X 光安检机检查的物品时，应按照相应规定或情况处理。在了解情况后，可以采用 X 光安检机进行检查时，应仔细分析物品的内部结构是否存在异常。

(四) X 光安检机的维护

（1）设备内 X 射线发生器较长时间断电后，再次使用前需要进行预热操作以保障 X 射线发生器的工作寿命，应依据运行检查的相应提示信息进行操作。

（2）操作和储存 X 射线检查系统设备的环境应避免存在导电灰尘、化学气体等。

（3）设备供电前，务必保证现场提供的设备供电电源电压与设备要求的一致，同时确保电源容量大于设备使用功率；保证供电电源接地良好，不具备符合要求的接地条件时，应禁止使用设备。

（4）设备进行部件安装或更换时，须联系专业维修人员或设备售后服务部门；当发现设备外部线缆、传送带、安全防护帘或者指示灯损坏时，应停止使用设备并联系专业技术人员；禁止安检人员开启设备罩板，操作内部元件，该类操作应由专业维修人员进行。

(五) 使用 X 光安检机的注意事项

（1）安检人员须依据当地法律、法规的要求，接受辐射防护方面的相关培训，培训合格后方可使用设备。

（2）设备开机工作时，应保证有安检人员值班，禁止人体的任何部位（或其他活体）进入通道。

（3）传送装置开启后，安检人员应注意传送装置上被检物品的位置，避免待检物品堵塞通道或跌落。

（4）检查过程中，应防止液体流入设备内部，如发生类似情况必须立即停机清理。

（5）设备工作时，请勿遮挡罩板通风口，以保证设备内部散热良好。

（6）设备日常清洁保养时，请断开供电电源以保证安全。

三、X光安检机的简易故障处理

（一）无法开启，显示屏无显示（黑屏）时的处理方法

（1）首先确认设备是否上电，即拧钥匙开关，看钥匙开关旁边指示灯是否亮起，若未亮起则设备没有上电，请检查设备电源线两端是否插好，地插是否有电。

（2）设备上电，但按下启动按钮设备无法开启，设备进出口电源指示灯亮起或监控系统启动。这种情况下请查看显示屏右下角的电源指示灯，未亮起则说明显示屏没有开启，应该触摸或按下显示屏的开关按钮，如果电源指示灯还是未亮起则说明显示屏没有供电，有条件情况下可以从操作台内部接通电源；如果是橙黄色或蓝色的灯则需要联系维修人员，等待维修。

（二）扫描过程中图像变得不清晰

随着扫描时间的变长，X光安检机需要校正空气值，即在通道内部没有物体的情况下，在图像显示区域点击鼠标右键，选取重新生成校正表。

（1）在图像显示区域右击，或按操作键盘上的键，系统弹出快捷菜单。

（2）选择"生成校正表"命令，弹出"清空通道"对话框，单击"确定"按钮后，系统进行生成校正表操作。生成校正表的时间为3~4秒。

（三）急停开关被触发

急停开关只有在紧急情况下才能使用。为保证其保持正常工作状态，平时严禁安检人员随意操作急停开关，特别是键盘处的急停开关。当急停开关被触发的安全隐患被排除后，须顺时针旋转急停开关，并等待约30秒时间，设备恢复正常；若还不能正常工作则需要联系维修人员。

（四）X光安检机进水

安检人员应该做好引导乘客放置物品的工作，当发现如水瓶、保温餐桶等较大容器时，则应该查看其是否密封完好。

当发现容器倾倒，液体洒在传送带上、通道内时，值机员应该立刻按下急停开关后关机或直接关机，然后检查和处理通道内的液体，并电话通知维修人员，在维修人员到现场并确认正常后再使用X光安检机。

任务实施　X光安检机的认识及使用

一、任务描述

练习X光安检机的使用。

二、任务指导（教师）

（1）跟学生一起回顾 X 光安检机的基本原理和工作方式。

（2）根据安检人员的岗位需求，强调 X 光安检机在地铁安检中的具体使用方法和注意事项。

（3）将学生分组，进行实际操作模拟：X 光安检机的操作、识图、维护保养、简单故障处理。

（4）在实践过程中，针对学生操作中存在的问题，进行现场指导和解决，并给予实时反馈，帮助学生加深对 X 光安检机的认识。

三、任务操作（学生）

（1）学生小组内相互介绍 X 光安检机的组成及工作原理。

（2）学生进行实际操作模拟：X 光安检机的操作、识图、维护保养、简单故障处理。

任务评价

考评任务		配分	考评指标	学生自评	小组互评	教师评定
知识准备	基础理论知识回顾	5	未掌握 X 光安检机的作用扣 3 分；未掌握 X 光安检机的使用场合扣 2 分			
任务组成	X 光安检机的组成介绍	10	未介绍机身扣 2 分			
			未介绍传送带扣 2 分			
			未介绍显示屏扣 2 分			
			未介绍操作键盘扣 2 分			
			未介绍控制台扣 2 分			
	X 光安检机的原理介绍	5	未掌握 X 光安检机的工作原理扣 5 分			
	X 光安检机的使用	25	设备操作（不会开关机扣 5 分；开机前不检查传送带扣 5 分；紧停按钮未处于复位状态扣 5 分）			
			图像识别（识别不出危险品和违禁品扣 10 分；不会使用功能键扣 5 分）			
	X 光安检机的维护保养	15	未定期清洁 X 光安检机扣 5 分；未对 X 光安检机的各项功能进行定期检查扣 5 分；未对 X 光安检机进行预防性保养（包括润滑、紧固螺丝等）扣 5 分			
	X 光安检机的故障处理	5	不能处理无法启动和黑屏问题扣 5 分			
		5	不能解决图像不清晰问题扣 5 分			
		5	不能处理设备急停问题停扣 5 分			
		5	不能处理设备进水问题扣 5 分			

项目二 安检设备及其操作

(续表)

考评任务	配分	考评指标	学生自评	小组互评	教师评定
实施过程中表现	10	旷课扣 10 分；迟到扣 5 分；上课睡觉扣 5 分			
协调合作，成果展示	10	不参与小组讨论扣 5 分；不在组内发言记录扣 3 分；不进行小组讨论总结扣 2 分			
总成绩（学生自评占 30%，小组互评占 40%，教师评定占 30%）					

任务四 金属探测门原理及操作训练

案例引入

2018 年 11 月 19 日，南宁地铁 1 号线上，一名男子通过金属探测门时，被安检人员发现身上携带有弹簧刀。安检人员立即将男子拦下，并向其解释携带这种刀具是违禁行为。男子承认了自己的错误，并在接受安全教育之后主动放弃了携带刀具进入车站。该事件引起了地铁公司对于安检措施的加强和完善，以及对于乘客安全教育的重视。

金属探测门是安检岗位的重要设备，目前，在我国城市轨道交通系统中，车站都配有金属探测门。

相关理论知识

一、金属探测门的工作原理及影响因素

金属探测门如图 2-4-1 所示，又称通道式金属探测器，简称安检门，属于一种固定安装的检测设备，能探测各种金属，包括磁性金属材料和非磁性金属材料。根据人体工程学结构，金属探测门划分为六个探测区位。当人通过安检门时，若身上携带金属物品，相对应的区域会有红色 LED 报警指示，同时安检门发

图 2-4-1 金属探测门

35

出报警的声音，如图2-4-1所示。金属探测门出现的原因主要有两个：一是因为X光安检机有害健康，国际上被禁用在人身检查方面；二是用手持金属探测器检查人身效率低。利用安检门可以探测金属物品并发出警报的原理，安检人员可以判断通过安检门的乘客是否随身携带枪支、弹药、管制刀具以及其他金属性危险物品。安检门通过报警和显示，提示安检人员对乘客实施进一步检查。

（一）金属探测门的工作原理

晶体振荡器产生正弦振荡，通过分频器分频为正弦波，经由三极管与线圈进行功率放大后输入门板大线圈进行电磁波发射，再由门内区位线圈分别进行接收。将接收到的信号与基准信号进行比较，如果有变化，系统将改变采集卡输出电平，CPU在极短时间内对区位采集卡数据进行扫描，判断金属所在区位并以声、光等报警信号的形式输出显示。

当乘客从金属探测门通过时，人体上所携带的金属超过了根据重量、数量或形状预先设定好的参数值时，金属探测门立即报警，并显示在报警区域，便于安检人员及时发现乘客所带的违禁金属物品。

金属探测门采用弱磁场技术，对心脏起搏器佩戴者、孕妇、磁性媒质和其他电子装置等无实际损害。VFD技术显示通过人数、报警次数，克服了以往的LCD、LED显示不清楚的缺陷。各探测区域具备100级灵敏程序，可根据实际使用状况设定具体参数，排除皮带扣、钥匙、首饰、硬币等物品引起的误报。金属探测门最高灵敏度可探测到一枚回形针大小的金属，但若物体分散，如粉状金属、线状金属等则不易被探测发现。

（二）影响金属探测门探测灵敏度的因素

1. 金属探测门自身

探测场的场强、探测方法、工作频率和探测程序是影响金属探测门探测灵敏度的重要因素。无论是连续波还是脉冲波金属探测器，探测能力都与导体内产生的涡流大小相关，因此决定涡流大小的因素是影响探测器灵敏度的主要因素。

2. 被探测物

探测物的质量和形状、金属种类和合金成分以及探测场的方向也可以影响探测灵敏度。例如，两个材料相同、质量不同的金属球，一个是实心的，一个是空心的，当它们通过金属探测门时的响应是不一样的。另外，具有相同质量、不同形状的物品，通过探测器的响应也不一样。被探测物的材料特性也是影响探测效果的重要因素，在导电率相同的情况下，铁磁金属比非铁磁金属容易被探测，而导电率很高的非铁磁金属比导电率低的铁磁金属容易被探测。

3. 受检者

受检者的人体特征、通过金属探测门的速度以及金属在受检者身上部位的不同都会影响探测结果。现代金属探测器对于正常速度通过的探测物的探测效果良好，安检人员要制止极慢挪动或飞奔而过的乘客。同一个探测物通过探测区不同部位时，探测结果可能会有差别，但是以最低灵敏度为设置标准，就较好地解决了整个探测区灵敏度不一致的问题。

4．周围环境

金属探测门的使用环境中存在一些金属构件、金属家具、乘客携带的大件金属物品等，都会对探测灵敏度产生影响。另外，环境温度和周围电磁场变化也影响金属探测门的灵敏度。

二、金属探测门的操作与维护

（一）金属探测门结构

金属探测门上有按钮和指示灯，如图2-4-2所示，常用的包括启动指示灯、警报指示灯、报警的音量控制钮、灵敏度控制钮、警报阈值控制钮；还有一些其他的指示与控制按钮，包括受检者人数统计、门板内的金属量和身体上藏匿金属的一般位置指示、校准按钮。许多金属探测门的密闭面板内都有校准按钮，只有具备专业资格的技术人员可以调校，安检人员不能自行打开密闭面板并改变按钮位置。

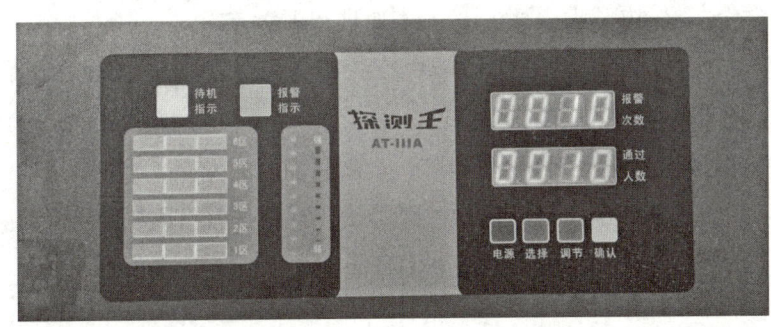

图2-4-2　金属探测门按钮及指示灯

（二）金属探测门的操作

开始安检工作前，要检测金属探测门是否正常工作。例如，通过一件已知的金属物品来进行检测，如果电源出现问题，必须在继续扫描前进行再次检测。

待电源指示灯亮起后，受检者以正常速度步行通过门板，如果金属探测门有警报响起，则要求受检者接受手持金属探测器的检查。

金属探测门对无害金属比较敏感，因此可能引发假警报。产生假报警可能的因素：X光安检机电源出现电涌，地板下方的电线、金属栏杆、手持金属探测器、便携式半导体设备以及受检者距离探测门太近等。

（三）金属探测门的维护

（1）操作使用金属探测门的安检人员必须经过专门训练，熟练掌握金属探测门的操作、使用原理，并严格按说明书规定的操作规程和技术人员要求进行操作。

（2）无关人员禁止靠近金属探测门，更不允许随意操作开关、脚踢和碰撞门体，不得用脚踢电源插头，不能携带大型金属过探测门，如工具箱、铁簸箕等。

（3）不要打开设备外壳，这样可能会毁坏设备或被电击伤。

（4）为避免雷电伤害，在雷电暴雨时，需要将设备电源或交流电源断开。

（5）不要用化学溶剂擦拭设备，这样会破坏其光洁表面，应用清洁的干布擦拭。

任务实施 金属探测门认识及使用

一、任务描述

练习金属探测门的使用。

二、任务指导（教师）

（1）跟学生一起回顾金属探测门的基本原理和工作方式。

（2）根据安检人员的岗位需求，强调金属探测门在地铁安检中的具体使用方法和注意事项。

（3）将学生分组，进行实际操作模拟：金属探测门的操作、维护保养。

（4）在实践过程中，针对学生操作中存在的问题，进行现场指导和解决，并给予实时反馈，帮助学生加深对金属探测门的认识。

三、任务操作（学生）

（1）学生小组内相互介绍金属探测门的组成及工作原理。

（2）学生进行实际操作模拟：金属探测门操作、维护保养。

任务评价

考评任务		配分	考评指标	学生自评	小组互评	教师评定
知识准备	基础理论知识回顾	5	未掌握金属探测门的作用扣3分；未掌握金属探测门的使用场合扣2分			

(续表)

考评任务		配分	考评指标	学生自评	小组互评	教师评定
任务组成	金属探测门的原理介绍	5	未掌握金属探测门的工作原理扣5分			
	金属探测门的灵敏度影响因素分析	12	未分析金属探测门自身扣3分;未分析被探测物扣3分;未分析受检者扣3分;未分析周围环境扣3分			
	金属探测门的使用	33	使用前未检查扣3分;不会开关机扣5分;不会设置检测模式和灵敏度扣5分;不会看检测结果扣5分;报警时,未及时做出反应扣5分;特殊情况(如紧急状况或疑似危险物品)时,未能迅速采取应急措施扣5分;不能处理常见的安检门故障或误报扣5分			
	金属探测门的维护保养	25	未定期清洁金属探测门扣5分;未对金属探测门的各项功能进行定期检查扣5分;未对金属探测门进行预防性保养扣5分			
实施过程中表现		10	旷课扣10分;迟到扣5分;上课睡觉扣5分			
协调合作,成果展示		10	不参与小组讨论扣5分;不在组内发言记录扣3分;不进行小组讨论总结扣2分			
总成绩(学生自评占30%,小组互评占40%,教师评定占30%)						

任务五 危险液体检测仪原理及操作训练

案例引入

2019年10月11日晚间,一名男子在乘坐上海地铁1号线时被安检人员发现其行李中携带了危险液体。经检查后发现其中装有液态氧。液态氧在一定条件下会引起燃烧或爆炸,因此地铁工作人员立即采取措施,拦截该男子并将其带离现场。随后,上海地铁方面通报称,男子承认液态氧是自己携带的,并表示是为了治疗眼疾。根据相关法律规定,涉及运输危险品的行为,必须符合国家、地方规定要求,并得到有关部门的批准和许可。该男子因其行为违反了相关规定,被警方依法进行了处理。

这起案件也引发了公众对乘客乘坐地铁携带液体安全问题的关注,由于传统的安检设备难以识别出液态爆炸物,使公共安全存在极大隐患。

相关理论知识

一、危险液体检测仪可检测的危险液体种类

危险液体检测仪可检测的危险液体包括：汽油、煤油、柴油、苯、乙醇（浓度70%及以上）、油漆、油漆稀料、香蕉水、硝基甲烷、甲苯、二甲苯、硝基苯、丙酮、甲醇、乙醛（40%）、无水乙醚、二硫化碳、环氧丙烷、异丙醇、正戊烷、正庚烷、异丙醚、正丙醇、乙二醇、松节油、乙酸、油酸等。

二、危险液体检测仪的种类

我国城市轨道交通车站配备的危险液体检测仪有两种：台式危险液体检测仪（图2-5-1）和便携式危险液体检测仪（图2-5-2）。

图2-5-1　台式危险液体检测仪

图2-5-2　便携式危险液体检测仪

危险液体检测仪检测液体时无须开瓶，也无须将液态物品倒入专业仪器中，整个检测过程不超过20秒。而且危险液体检测仪对包装容器的材质、颜色和透明度没有特殊要求，塑料、玻璃、陶瓷、金属等多种材质容器包装的液态物品都可放入系统中进行检测，检测对容器内的液态物品不产生任何影响和破坏。

台式危险液体检测仪能够检测的液态物品的最大外形尺寸高度不小于320毫米，直径不小于150毫米。台式危险液体检测仪的开机时间不超过10秒，检测单件液体物品的时间不超过10秒，对于常见安全液体的误报率不高于10%。台式危险液体检测仪具有检测精度高、可靠性强等优点，可以检测塑料、陶瓷、玻璃、纸质等容器和金属容器中的危险液体，安全卫生，检测速度快，适用于城市轨道交通车站这种客流密度大的场所。

三、危险液体检测仪的基本原理

（一）塑料、玻璃、陶瓷包装探测

对塑料、玻璃、陶瓷包装的液体进行探测的原理是利用不同物质的不同介电特性，将含有不同成分液体瓶放入两种频率的电场中，探测其感应电场及感应电容等的输出变化，以此判断液体是否为危险液体。

（二）金属包装探测

对金属包装的液体进行探测的原理是根据不同成分液体的导热性不同，从加热电源接通之时开始测量，得到温升对时间的函数，由此得出试样材料的导热系数，根据导热系数的不同，判断危险液体种类。

四、危险液体检测仪的操作与维护

（一）危险液体检测仪的操作

（1）开启位于后部面板的电源开关以启动仪器。

（2）等待系统启动完毕，显示主界面及准备检测字样，说明设备已自检。

（3）将受检物品放入检测区域，受检物品应紧贴探测器。传感器的整个探测面都要与容器壁相接触，如图 2-5-3 所示。

（4）等待黄色指示灯亮起，示意正在检测中。

（5）检测结果：绿色指示灯亮起，表示样品液体是安全的；红色指示灯亮起并伴有蜂鸣声，表示样品液体是危险的。

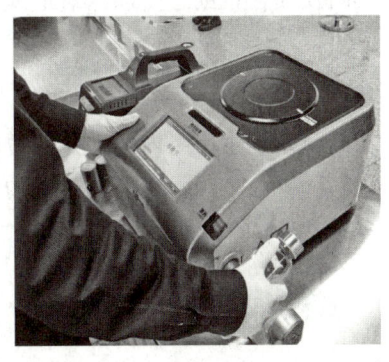

图 2-5-3 危险液体检测仪的使用

（6）如果设置为自动复位，当样品从检测区域取走时，系统将记录检测时间、结果及类型，并等待下一次检测。如果设置为手动复位，并产生报警，需要先将样品取走并按后部面板的复位开关，才能进入下一次检测。

（二）危险液体检测仪的日常维护

（1）如发生任何异常，请立即切断电源并拔出插头。

（2）不要弄湿设备，若设备或受检品是湿的，请擦干后再进行操作。

（3）不要在设备中插入其他物品，否则可能会引起短路。

（4）不要私自拆卸设备。

（5）在设备维护或长期不用时要拔掉电源插头。

任务实施　危险液体检测仪认识及使用

一、任务描述

练习危险液体检测仪的使用。

二、任务指导（教师）

（1）跟学生一起回顾危险液体检测仪的基本原理和工作方式。

（2）根据安检人员的岗位需求，强调危险液体检测仪在地铁安检中的具体使用方法和注意事项。

（3）将学生分组，进行实际操作模拟：危险液体检测仪操作、维护保养。

（4）在实践过程中，针对学生操作中存在的问题，进行现场指导和解决，并给予实时反馈，帮助学生加深对危险液体检测仪的认识。

三、任务操作（学生）

（1）学生小组内相互介绍危险液体检测仪的组成及工作原理。

（2）学生进行实际操作模拟：危险液体检测仪操作、维护保养。

任务评价

考评任务		配分	考评指标	学生自评	小组互评	教师评定
知识准备	基础理论知识回顾	5	未掌握危险液体检测仪的作用扣3分；未掌握危险液体检测仪的使用场合扣2分			
任务组成	危险液体检测仪的类型介绍	10	未掌握台式危险液体检测仪工作原理扣5分；未掌握便携式危险液体检测仪工作原理扣5分			
	危险液体检测仪原理介绍	10	未掌握危险液体检测仪对塑料、玻璃、陶瓷包装探测的工作原理扣5分；未掌握危险液体检测仪对金属包装探测的工作原理扣5分			
	危险液体检测仪的使用	40	使用前未检查扣5分；不会开关机扣5分；不会放置液体扣5分；不会查看检测结果扣10分；报警时，未及时做出反应扣5分；对禁带、限带液体处理不当扣10分			
	危险液体检测仪的维护保养	15	未定期清洁危险液体检测仪扣5分；未对危险液体检测仪的各项功能进行定期检查扣5分；未对危险液体检测仪进行预防性保养扣5分			

(续表)

考评任务	配分	考评指标	学生自评	小组互评	教师评定
实施过程中表现	10	旷课扣10分；迟到扣5分；上课睡觉扣5分			
协调合作，成果展示	10	不参与小组讨论扣5分；不在组内发言记录扣3分；不进行小组讨论总结扣2分			

总成绩（学生自评占30%，小组互评占40%，教师评定占30%）

思考练习题

一、填空题

1. 常用的安检设备有_____、_____、_____、_____等。

2. 手持金属探测器由_____、_____、_____三部分组成。

3. 金属探测器探测深度的准确值受_____、_____、_____、_____、_____因素的影响。

4. X光安检机图像的识别方法有_____、_____、_____、_____、_____、_____、_____、_____、_____、_____、_____、_____、_____、_____十四种。

5. 危险液体检测仪使用时_____色指示灯亮起，表示正在检测中；_____色指示灯亮起，表示样品液体是安全的；_____色指示灯亮起并有_____，表示样品液体是危险的。

二、简答题

1. 简述手持金属探测器的使用规则及日常维护方法。
2. 简述X光安检机图像识别的重点及处理方法。
3. X光安检机常见的故障有哪些？如何处理？
4. 金属探测门日常使用有哪些注意事项？
5. 如何操作危险液体检测仪？

项目三

辨识危险品和违禁品

知识要点

1. 危险品及违禁品的种类及特点；
2. 危险品及违禁品的 X 射线图像识别及处理。

学习目标

1. 知识目标：
(1) 掌握城市轨道交通安检的必检物品种类；
(2) 掌握危险品的种类及标识；
(3) 掌握违禁品的种类；
(4) 掌握可疑物品的处置方法。
2. 能力目标：
(1) 能够识别禁止旅客携带进站的危险品与违禁品；
(2) 能够识别危险品及违禁品的 X 射线图像；
(3) 能够合理处置可疑物品。
3. 素质目标：
(1) 培养学生独立完成工作的能力；
(2) 培育新时代安全观。

任务一 认识各类危险品、违禁品

案例引入

2019年10月22日,一名女乘客在南宁地铁2号线上携带了一瓶含有硫酸的化学试剂通过安检,并在列车上散发出刺鼻呛人的气味,引起了其他乘客的恐慌和不安。地铁工作人员随后立即联系了消防、公安部门到现场处置,并对车厢进行了紧急疏散。

经调查,这名女乘客是一名化学实验教师,该瓶化学试剂本应在实验室内妥善保管,但她因着急上班未注意就将其放入了随身携带的背包中。由于硫酸为危险品,且在列车上存在泄漏风险,在安检时应该被禁止携带进入地铁站内。该女乘客也因违反相关规定而受到了行政处罚。这起事件也提醒了广大乘客在携带物品时要谨慎,以免发生意外。

根据有关法律法规、通告和规定,禁止(限制)乘客携带危险品、违禁品等。

相关理论知识

为了保证城市轨道交通运营的安全,各城市轨道交通系统逐步启动"逢人必检、逢包必检、逢液必检、逢疑必检"。四种必检类物品包括:大件箱包、各种包袋、大容量容器和可疑物品。其中,可疑物品包括有明显刺激性气味的物品、涉恐宣传品、管制刀具。这类物品可以通过观察外形,嗅有无气味,听是否发出异常声响等来辨别。

一、安检必检类物品

(1)大件箱包、各类包袋必须上机检查。

(2)安检人员应对乘客携带的塑料袋、手提拎袋等进行询问或打开检查。

(3)开过封的饮料或大瓶食用油需要乘客试饮一口或者使用危险液体检测仪检查。

(4)逢疑必检类,如各种不透明的瓶装物品安检员必须打开检查。

二、危险品

易燃、易爆、放射性、剧毒品标志如图3-1-1所示。

图 3-1-1　易燃、易爆、放射性、剧毒品标志

（一）易燃品

易燃品包括汽油、煤油、液化气、乙醇、瓦斯及油漆等家庭装修用材料等，见表 3-1-1。

表 3-1-1　易燃品的介绍

名称	介绍
汽油	透明液体，具有刺激性气味，极易燃烧。其蒸气与空气可以形成爆炸性混合物，遇明火、高热极易发生爆炸，与氧化剂能发生强烈反应。其蒸气比空气重，能由较低处扩散到相当远的地方，遇明火会引起回燃
煤油	由天然石油或人造石油经分馏或裂化而得，为无色透明液体，含有杂质时呈淡黄色。略具臭味，不溶于水，易溶于醇和其他有机溶剂，易挥发，易燃，挥发后与空气混合形成爆炸性的混合气，爆炸极限为 2%～3%
液化气	液化石油气作为一种化工基本原料和新型燃料，含有较多丙烷、丁烷，含较少乙烯、丙烯、乙烷丁烯等，为无色气体或黄棕色油状液体，有特殊臭味，是一种易燃物质，其在空气中含量达到一定浓度范围时，遇明火即爆炸
瓦斯	主要成分是烷烃，其中甲烷占绝大多数，另有少量的乙烷、丙烷和丁烷，此外一般还含有硫化氢、二氧化碳、氮和水汽，如遇明火，即可燃烧，发生瓦斯爆炸
乙醇	无色、透明，具有特殊香味的液体，易挥发，密度比水小，能与水以任意比例互溶，是一种重要的溶剂，能溶解多种有机物和无机物。乙醇易燃，是常用的燃料和消毒剂，也用于制取其他化合物
油漆	黏稠油性颜料，未干情况下易燃，不溶于水，微溶于脂肪，可溶于醇、醛、醚、苯、烷，易溶于汽油、煤油、柴油

47

（二）易爆品

易爆品包括炸药、雷管、烟花爆竹、弹药、丁烷气、充气气球等，见表 3-1-2。

表 3-1-2　易爆品的介绍

名称	介绍
炸药	能在极短时间内剧烈燃烧（即爆炸）。一般情况下，炸药的物理及化学性质稳定，但不论环境是否密封，药量多少，甚至在外界零供氧的情况下，只要有较强的能量（起爆药提供）激发，炸药就会爆炸，释放出大量的热能并产生高温高压气体，对周围物质及环境造成破坏
雷管	一种爆破工程的主要起爆材料，它的作用是产生起爆能来引爆各种炸药及导爆索、传爆管。根据引爆方式可将雷管分为火雷管、电雷管和触发雷管等
烟花爆竹	烟花燃放时能形成彩色图案、产生音响效果，以视觉效果为主。爆竹燃放时主体发生爆炸并产生爆音、闪光等效果，是以听觉效果为主的产品。烟花爆竹是以火药为基础发展起来的一种易爆品
弹药	含有火药、炸药或其他装填物，爆炸后能对目标起毁伤作用或完成其他战术任务。它包括枪弹、炮弹、手榴弹、枪榴弹、航空炸弹、火箭弹、导弹、鱼雷、水雷、地雷、爆破筒、爆破药包等
丁烷气	一种易燃的压缩气体，无色，容易被液化，不溶于水，易溶于乙醇、乙醚、氯仿和其他烃。与空气形成爆炸混合物，爆炸极限为 1.9%～8.4%
充气气球	由于氢气比惰性气体（如氦气）廉价，因此市面上销售的基本上都是氢气球。氢气与其他物体摩擦产生静电，遇到明火时，容易发生爆炸或燃烧

（三）腐蚀性物品

腐蚀性物品包括硫酸、盐酸、硝酸、双氧水等，见表 3-1-3。

表 3-1-3　腐蚀性物品的介绍

名称	介绍
硫酸	一种最活泼的二元无机强酸，有强腐蚀性，有刺激性气味，能和许多金属发生反应。易溶于水，与水混合时，亦会放出大量热，具有强烈的腐蚀性和氧化性
盐酸	氢氯酸的俗称，是氯化氢（HCl）气体的水溶液，呈透明无色或黄色，有刺激性气味和强腐蚀性。易溶于水、乙醇、乙醚等
硝酸	一种具有强氧化性、腐蚀性的强酸。浓硝酸是强氧化剂，遇有机物、木屑等能引起燃烧。含有痕量氧化物的浓硝酸几乎能与除铝和含铬特殊钢之外的所有金属发生反应，而铝和含铬特殊钢则能被浓硝酸钝化。与乙醇、松节油、焦炭、有机物碎渣的反应非常剧烈
双氧水	化学式为 H_2O_2。外观为无色透明液体，是一种强氧化剂，其水溶液适用于医用伤口消毒、环境消毒和食品消毒。在一般情况下会分解成水和氧气，但分解速度极其慢，加快其反应速度的办法是加入二氧化锰催化剂或用短波射线照射

（四）有毒物品

有毒物品包括砒霜、农药（如敌敌畏）、二甲苯、剧毒化学品等，见表 3-1-4。

表 3-1-4　有毒物品的介绍

名称	介绍
砒霜	三氧化二砷，俗称砒霜，分子式为 As_2O_3，是最具商业价值的砷化合物及主要的砷化学开始物料。它也是最古老的毒物之一，无臭无味，外观为白色霜状粉末
敌敌畏	无色至琥珀色，挥发性液体，能溶于有机溶剂，易水解，遇碱分解更快，毒性大。遇明火、高热可燃。受热分解，放出氧化磷和氯化物的毒性气体
二甲苯	无色透明液体，有芳香烃的特殊气味，易流动，能与无水乙醇、乙醚和其他许多有机溶剂混溶。误食入的二甲苯溶剂，会强烈刺激食道和胃，并引起呕吐，还可能引起血性肺炎，对眼及上呼吸道有刺激作用。高浓度时，对中枢系统有麻醉作用
剧毒化学品	按照国务院安全生产监督管理部门会同公安、环保、卫生、质检、交通部门确定并公布的剧毒化学品目录中的化学品。一般是具有剧烈毒性危害的化学品，包括人工合成的化学品及其混合物和天然毒素，还包括具有急性毒性，易造成公共安全危害的化学品

三、违禁品

（一）管制刀具

1. 管制刀具的种类

中国的刀具管制始于 1983 年公安部发布的《对部分刀具实行管制的暂行规定》。按照该规定，管制刀具是指匕首、三棱刀、弹簧刀（跳刀）及其他相类似的单刃、双刃、三棱尖刀，见表 3-1-5。

表 3-1-5　管制刀具的种类

名称	介绍
匕首	带有刀柄、刀格和血槽，刀尖角度小于 60°的单刃、双刃或多刃尖刀
三棱刀	具有三个刀刃的机械加工用刀具
弹簧刀（跳刀）	刀身展开或弹出后，可被刀柄内的弹簧或卡锁固定自锁的折叠刀具
其他类似的单刃、双刃、三棱尖刀	刀尖角度小于 60°，刀身长度超过 150 毫米的各类单刃、双刃和多刃刀具
其他	刀尖角度大于 60°，刀身长度超过 220 毫米的各类单刃、双刃和多刃刀具

2. 对涉及管制刀具的违法犯罪行为的处理

根据《中华人民共和国治安管理处罚法》第三十二条非法携带枪支、弹药或者弩、匕首等国家规定的管制器具的，处五日以下拘留，可以并处五百元以下罚款；情节较轻的，处警告或者二百元以下罚款。非法携带枪支、弹药或者弩、匕首等国家规定的管制器具进入公共场所或者公共交通工具的，处五日以上十日以下拘留，可以并处五百元以下罚款。

（二）枪械类

枪械指利用火药燃烧能量发射弹丸，口径小于 20 毫米（大于 20 毫米定义为"火炮")的身管射击武器,其以发射枪弹,打击无防护或弱防护的有生目标为主,是步兵的主要武器,也是其他兵种的辅助武器。在民间还广泛用于治安警卫、狩猎、体育比赛。

1. 手枪

手枪是一种单手握持瞄准射击的短枪管武器,通常为指挥员和特种兵随身携带,用在50米近程内自卫和突然袭击敌人。现代手枪的基本特点:变换保险、枪弹上膛、更换弹匣方便,结构紧凑。现代手枪主要有左轮手枪、自动手枪(实际上是半自动手枪)、全自动手枪三种类型。

2. 冲锋枪

冲锋枪是单人双手持握、一般发射手枪弹的攻击型的自动武器。其体积较小,重量较轻,装弹多,射击速度快。

3. 步枪

步枪是单兵肩射的长管枪械,主要用于发射枪弹,杀伤暴露的有生目标,有效射程一般为400~1 000米;也可用刺刀、枪托格斗;有的还可发射枪榴弹,具有点面杀伤和反装甲能力,是现代步兵的基本武器装备。

4. 机枪

机枪又称机关枪,为了满足连续射击的稳定需要,通常备有两脚架、枪架或枪座,主要发射步枪弹或更大口径的子弹,能快速连续射击,以扫射为主要攻击方式。

5. 仿真枪

仿真枪的认定标准如下:

(1) 符合《中华人民共和国枪支管理法》规定的枪支构成要件,所发射金属弹丸或其他物质的枪口比动能小于1.8焦耳/平方厘米(不含本数)、大于0.16焦耳/平方厘米(不含本数)的;

(2) 具备枪支外形特征,并且具有与制式枪支材质和功能相似的枪管、枪机、机匣或者击发等机构之一的;

(3) 外形、颜色与制式枪支相同或者近似,并且外形长度尺寸介于相应制式枪支全枪长度尺寸的二分之一与一倍之间的。

(三) 军警械具

军警械具包括电击器、警棍、手铐、警绳、催泪喷雾器和上述物品的仿真品。

任务实施 查阅资料

一、任务描述

查找南宁地铁禁带、限带物品列表以及相关处置处罚规定。

二、任务指导(教师)

(1) 将学生分组。

(2) 跟学生一起回顾禁带、限带物品的类型。

(3) 与学生一起确定搜索关键词:"南宁地铁禁止携带物品""南宁地铁限制携带物品"等,并指导学生如何在搜索引擎(如百度)中进行检索。

(4) 对搜索结果的来源和可信度进行讲解,引导学生选择官方发布的相关文件,如南宁地铁公司官网、公告、通知等。

(5) 要求学生汇总整理所得信息以供使用,可以让学生将所得材料制作成PPT或报告等形式,展示给全班同学。

三、任务操作(学生)

(1) 学生通过搜索引擎按要求查找内容。

(2) 学生根据教师的引导,对获取的搜索结果进行筛选,选择官方发布的相关文件。

(3) 学生阅读文本内容,理解相关规定和要求。

(4) 学生记录和整理有用信息,按照教师的要求准备汇报。

任务评价

考评任务		配分	考评指标	学生自评	小组互评	教师评定
知识准备	基础理论知识回顾	10	未掌握危险品类型扣5分;未掌握违禁品类型扣5分			
任务组成	查阅资料	5	资料不全面扣1分;资料准确性低扣1分;整理和分析不足扣1分;未在规定时间完成扣2分			
	检索结果及信息汇总	20	南宁地铁禁带物品及处置(枪支弹药类未汇总扣2分;爆炸品类未汇总扣2分;禁止器具类未汇总扣2分;易燃易爆物品类未汇总扣2分;毒害品类未汇总扣2分;腐蚀性物品类未汇总扣2分;放射性物品类未汇总扣2分;传染病病原体及医疗废物类未汇总扣2分;其他危害公共安全、列车运行安全的物品未汇总扣2分;国家法律、法规规定的其他禁止携带、运输的物品未汇总扣2分)			

（续表）

考评任务		配分	考评指标	学生自评	小组互评	教师评定
任务组成	检索结果及信息汇总	25	南宁地铁限带物品及处置（锂电池未汇总扣2分；水果刀、工艺刀、工具刀等未汇总扣3分；锤子、钢铁锉、铁棍等金属工具器具未汇总扣3分；球棒、木棍等木质棍状物品未汇总扣3分；白酒（50%voL以上）未汇总扣2分；摩丝、发胶、染发剂、冷烫精、指甲油、光亮剂、衣领净未汇总扣3分；香水未汇总扣2分；卫生杀虫剂、空气清新剂未汇总扣3分；打火机未汇总扣2分；安全火柴未汇总扣2分）			
	任务汇报	10	汇报内容不完整扣1～5分；汇报内容不准确扣5分			
		10	汇报成员仪态礼仪不标准扣1～5分；语言表达能力欠缺扣1～5分			
实施过程中表现		10	旷课扣10分；迟到扣5分；上课睡觉扣5分			
协调合作，成果展示		10	不参与小组讨论扣5分；不在组内发言记录扣3分；不进行小组讨论总结扣2分			
总成绩（学生自评占30%，小组互评占40%，教师评定占30%）						

任务二 辨识和分析危险品、违禁品

案例引入

安检人员通过安检机对乘客行李物品进行判断，如发现禁带物品，

X光安检机显示的彩色图像

应进行正确的处理。基于不同的物质材料在X光安检机的X射线图像下呈现出不同颜色，安检人员可进行物质类别的辨识。X光安检机监视器上出现的各种颜色，是物体密度、厚度和数量的反映，因此，可根据图像颜色的深浅来对物体的种类进行判断。请思考如图3-2-1所示的X光安检机显示图的行李箱中装有哪些物品（彩图请扫二维码）。

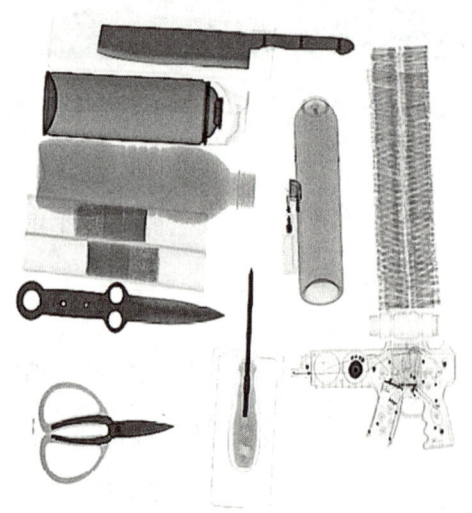

图3-2-1 行李箱的显示形态

相关理论知识

一、危险品的 X 射线图像识别

液体类的 X 射线图像都呈橙色，如果容器内的液体 X 射线图像呈橘黄色，就必须通过开包检查来确定该液体是否属于易燃液体。特别需要注意容器内的液体是否过满或过少，若过满或过少，安检人员就要留意其中所装的液体是不是属于危险品。

（一）鞭炮

鞭炮等外包装是纸，纸是有机物，又很薄，所以其 X 射线图像呈现浅橙色；火药是混合物，其 X 射线图像呈现绿色。需要注意的是，当发现一个规则形状的物体的 X 射线图像中呈现均匀的绿色时，一定要开包检查。

（二）压力罐或喷雾罐

压力罐外壳一般为较薄金属，其 X 射线图像呈浅蓝色，罐内的液体或气体呈橙色，当二者均匀地混合叠加时，其 X 射线图像呈绿色。压力罐的图像形状：底部有凹槽，前段是层次分明的蓝色圆环，有尖嘴的是打火机充气管（图 3-2-2），没有尖嘴的是喷雾剂等喷雾罐。

图 3-2-2　打火机充气管

（三）外包装为软塑料的物品

发胶、啫喱水、饮料等外包装是软塑料，其 X 射线图像呈现橙色。液体的 X 射线图像也是橙色，故整体还是橙色；有的啫喱罐是铝制（铝是一类特殊的金属，呈现橙色），故即使外包装是金属铝，内装液体，整体还是呈现橙色，如易拉罐可乐、啤酒等。

液体类的 X 射线图像都呈现橙色，包括乙醇、汽油等。水、乙醇、汽油等的 X 射线图像是不能区别的，只能通过开包，根据气味、颜色等识别。

（四）炸药和打火机

在 X 射线图像中，中间橙色被线环绕的物体为模拟 TNT 炸药，要想发挥爆炸威力必须有雷管引爆，必然有深蓝色导管插入橙色 TNT 物品内（图 3-2-3）。故当箱包内有橙色物品，内有深蓝色导管，且有蓝色线缠绕的情况时，一定要引起高度警惕。

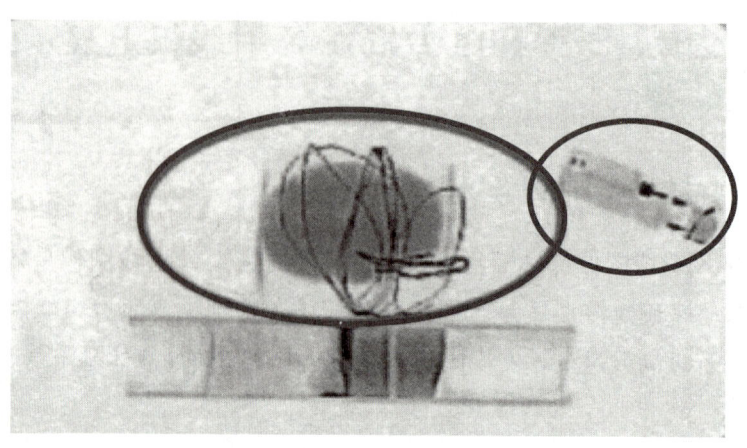

图 3-2-3　TNT 炸药和打火机

二、违禁品的 X 射线图像识别

（一）枪支弹药、警用物品的识别

1. 藏匿武器的识别

制式枪支具有特有的外形特征，其材料往往是钢等密度较大的金属，因此，除个别部位外，其 X 射线图像往往是 X 射线难以透过的红色甚至黑色。由于其弹匣部分的金属较薄，故显示出的是蓝绿色。但是，由于枪支在包裹中放置角度的关系，其在 X 射线显示器中的图像会发生变形，这就要求安检人员一定要经常上机操作。

2. 子弹的识别

X 射线图像中，弹头一般呈暗红色，弹壳一般呈黄色。在图像查验时，可按下图像增强键，寻找图像最黑点，再综合其外观结构特点判别。子弹平放时，是一个暗红色圆点。901 钢珠防暴弹呈短粗圆柱形，一头稍粗，正放时整个图像呈红色粗长条形，中部颜色稍深，按下图像增强键隐约可见中部钢粒及尾部触点。

3. 军（警）用品的识别

（1）电击器。电击器的电源（电池）、升压装置（变压线圈电容）、电击点（如两个或三个触头，或是金属圆环）的 X 射线图像均呈现暗红色，要注意把握其基本的结构特征，注意与一些小件电器（如收音机、电动剃须刀等）进行区分。

（2）催泪器。由于内装物不同，其 X 射线图像分别为黄色或绿色瓶口中心有金属喷头。

（3）警绳。警绳的外形与普通的绳子差异不大，主要是多了便于捆扎的固定金属环扣，注意留意这一特征。

（4）手铐。手铐的外形特征比较容易识别，由于其常由硬质合金制成，X 射线图像显示红色，但要注意手铐在行李中的不同放置位置会引起显示图像的变形。

(二)管制刀具 X 射线图像的识别

1. 包裹中藏匿管制刀具的识别

管制刀具一般由刀刃和刀柄组成,有时还有刀鞘。由于这三个部分材质不同,所以其 X 射线图像会有差异。

刀刃一般由金属制成,因其厚度和密度不同,金属较薄或低密度时,X 射线图像呈现蓝色,金属较厚或密度较高时呈现 X 射线无法透过的红色或黑色。

刀柄部分一般采用有机材料(如木材、塑料等)制成,所以其 X 射线图像呈深浅不一的橘黄色。刀鞘部分因不同材质也呈现不同颜色。

在对管制刀具进行识别时应注意,由于刀具在包内放置的角度不同,显示图像上有较大差异(图 3-2-4 和图 3-2-5)。特别是当刀具位于包的底部、刀刃与 X 射线平行时,在显示图像上是一条黑线或蓝绿色的线。这时可把包转一个方向再通过 X 光安检机,也可直接开包检查。

图 3-2-4　刀的正面显示图

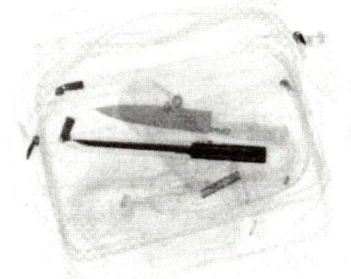
图 3-2-5　刀的侧面显示图

2. 身上藏匿管制刀具的识别

如果乘客身上藏匿有管制刀具,可采用金属探测器做进一步检查。要特别注意乘客身上应重点检查的部位。

三、图像呈现形状的变化

行包横放或竖放进入 X 光安检机通道时,物品图像呈现的形状是有变化的,如图 3-2-6 所示。典型的是溶气罐的凹槽由椭圆形变成月牙状,罐前端、后端的变化也都非常明显。

四、值机视图技巧

(1)图像模糊不清无法判断物品性质的,可换角度重新放包检查;

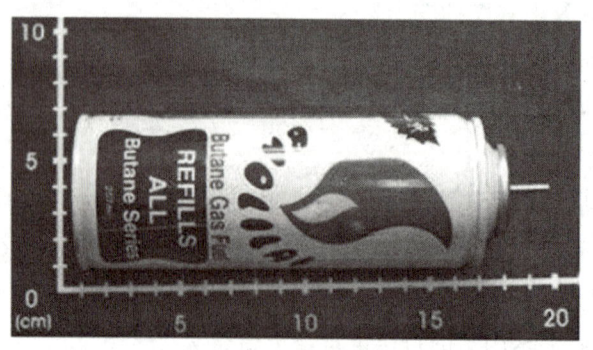

打火机气体（铁罐）

图一　　　　　图二　　　　　图三

图 3-2-6　打火机气体罐不同方向放置的显示形态

（2）发现似有电池、导线、钟表、粉末状、块状、液体状、枪弹状物及其他可疑物品时，应对有疑点的地方重点分析，进行综合判断；

（3）发现有容器、仪表、瓷器等物品，应在利用功能键辅助分析的情况下进一步识别，如不能确定性质的，应开包检查；

（4）照相机、收音机、录音录像机及电子计算机等电器的检查，应仔细分析内部结构是否存在异常，如存在异常或不能判明物质的性质时，应开包检查；

（5）如遇乘客声明不能用 X 光安检机检查的物品时，应通知开包手检员进一步处理。

任务实施　危险品和违禁品的识别

待识别物品　　待识别物品
X 射线图像 1　X 射线图像 2

一、任务描述

（1）识别下列 X 射线图像中的物品，如图 3-2-7 和图 3-2-8 所示（彩图请扫相应二维码）。

（2）在 X 光安检机上识别教师给出的背包里的物品，并将物品调换不同的方向位置，查看图像是否相同。

项目三　辨识危险品和违禁品

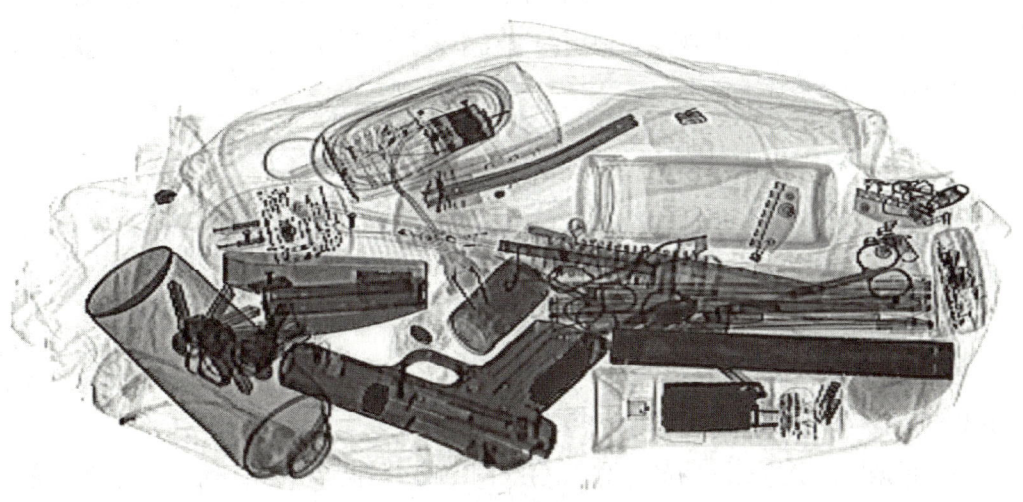

图 3-2-7　待识别物品 X 射线图像 1

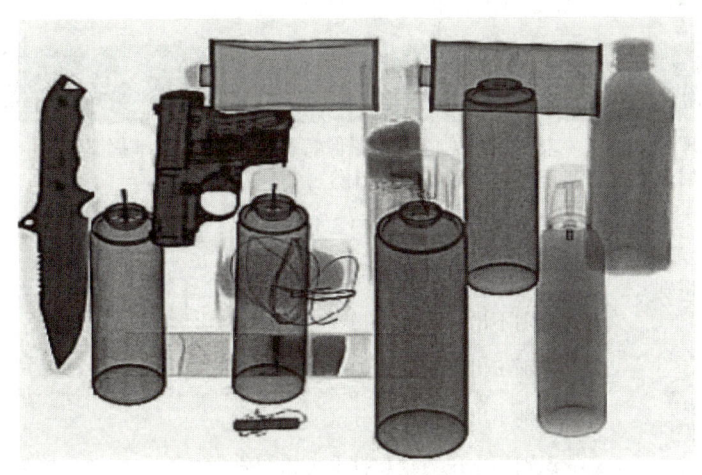

图 3-2-8　待识别物品 X 射线图像 2

二、任务指导（教师）

（1）教师向学生介绍任务的背景和目的，让学生了解这个任务的重要性和意义。介绍地铁安检中识别物品的关键性，让学生了解如何通过 X 射线图像来判定不同物品。

（2）和学生一起回顾 X 光安检机的操作流程及注意事项。

（3）将学生分组，学生自己选出小组长，负责组织和协调小组的工作。

（4）分配任务：告诉学生任务的具体内容和要求，即观察给出的 X 射线图像，识别出图像中的物品，并将物品分类，判断是否属于危险品或违禁物品，并作出判断。

（5）督促监督：在学生观察和识别的过程中，教师需要督促和监督学生，确保每个小组都在按照任务要求进行。

三、任务操作（学生）

（1）根据任务要求，小组成员之间进行讨论，观察给出的 X 射线图像，并识别出图像中的物品。

（2）根据物品的大小、形状、颜色等特征对识别出的物品进行分类。

（3）根据规定，判断物品是否属于危险品或违禁物品，并贴上标签，如危险品、违禁品等。

（4）根据所识别的实际物品，对 X 射线图像的识别情况做出评估，如是否遗漏、错误判断等。

任务评价

考评任务		配分	考评指标	学生自评	小组互评	教师评定
知识准备	基础理论知识回顾	5	未掌握常见危险品图像特征扣 5 分；未掌握常见违禁品图像特征扣 5 分			
任务组成	危险品图像识别	5	识别不出易燃液体扣 5 分			
		5	识别不出腐蚀性物品扣 5 分			
		5	识别不出有毒物品扣 5 分			
	违禁品图像识别	5	识别不出管制刀具扣 5 分			
		5	识别不出鞭炮扣 5 分			
		5	识别不出压力罐和打火机扣 5 分			
	识别给出的 X 射线图	45	未识别出枪支扣 5 分；未识别出刀扣 5 分；未识别出 TNT 炸药扣 5 分；未识别出雷管扣 5 分；未识别出压力罐或喷雾罐扣 5 分；未识别出液体扣 5 分；未识别出剪刀扣 5 分；未识别出金属工具扣 5 分；未识别出烟花扣 5 分）			
实施过程中表现		10	旷课扣 10 分；迟到扣 5 分；上课睡觉扣 5 分			
协调合作，成果展示		10	不参与小组讨论扣 5 分；不在组内发言记录扣 3 分；不进行小组讨论总结扣 2 分			
总成绩（学生自评占 30%，小组互评占 40%，教师评定占 30%）						

任务三 处置可疑物品

案例引入

2018 年 6 月 27 日下午，南宁地铁朝阳广场站安保人员在巡逻时发现站厅处有一个不明包裹。地铁安保员通知车站工作人员后，马上联合地铁公安开展了可疑物品的处置，大家用安检仪检查确认包内无可疑物品后，民警才开包检查。令人哭笑不得的是，开包后才发现这个不明包裹里面竟然全是荔枝，估计是乘客在搭地铁时不小心遗忘在车站的，并非易燃易爆物品。

那么，在地铁车站发现了可疑物品，工作人员应该如何处置呢？

相关理论知识

一、可疑物品处置程序

（1）车站发现无主包裹，应第一时间使用伸缩栏杆或铁马进行隔离，如图 3-3-1 所示，防止无关人员靠近。

 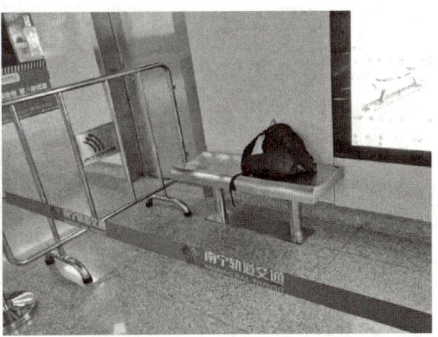

图 3-3-1 无主包裹的隔离

（2）现场人员（保安、站务）应立即通知车控室、警务室前往事发地点进行处置。

（3）车控室应通知安检人员到达现场，先看（是否有危险品标志）、听（是否有异响，如计时器声音）、闻（是否有大蒜、辛辣味、苦杏仁味、汽油味等刺激性气味），然后使用便携式爆炸物探测器（图 3-3-2）和试纸对无主包裹进行初步取样检测，通过便携式爆炸物探测器检测结果对可疑物品进行判别。如检测结果为爆炸物，应使用设备进行二次检测提高判别准确性。

图 3-3-2　便携式爆炸物探测器

（4）当检测结果为爆炸物品时，应根据《运营分公司处置恐怖袭击专项应急处置预案》进行处置。

（5）检测结果为非爆炸物品时，应将无主包裹放置在 X 光安检机进行复查，重点查看是否有可疑情形（如导线、易燃易爆物品）等，排除疑点后按遗失物品进行处置。

二、可疑人员强行闯安检处置程序

1. 先期提高警惕

（1）安检引导岗位人员要主动观察进站乘客的神态、动作，发生乘客不配合安检的可疑情形的，第一时间向乘客告知安检的相关法律法规，同时示意值机岗位人员实施重点检查。

（2）可疑情况大致有以下六种情况：

① 携带汽油桶、油漆桶、压缩钢瓶等明显危险品；

② 携带盛装液体的桶、罐、瓶等较大的容器；

③ 携带没有密封包扎的各种较大口袋；

④ 携带长度、宽度、体积和随身携带特征不相符的物品；

⑤ 着装反季、衣冠不整的乘客携带物品；

⑥ 反复逗留、犹豫不前等与正常乘车行为不相符的乘客所携带物品。

（3）经安检人员告知后，乘客仍执意不配合安检的，安检引导岗人员将乘客引离安检口区域，与其他乘客形成隔离；安检值机员应立即报车控室、警务室，将现场位置、事件概况、人员特征进行报告；安检手检员（安全员）须上前补充安检引导岗的空缺，防范其他可疑人员进入。

（4）若可疑人员发动暴恐袭击，安检人员使用安检设备旁边放置的防暴用具第一时间保护自身，有条件的情况先疏散安检点周边乘客。

2. 车控室的处置

（1）车站值班站长接报安检人员报来的不配合安检的可疑情形，第一时间向警务室及调度指挥中心汇报，车站值班站长 2 分钟内安排人员（保安、站务等）携带通信装备及防护用具到达事发安检点处置。

（2）站务人员到达安检点后，协同地铁公安分局警务人员共同劝离强行闯安检点乘客。

（3）若可疑人员发动暴恐袭击的，根据车站应急处置流程进行处置，及时组织人员疏散群众、救助保护受伤群众。

3. 警务室的处置

（1）警务室接报不配合安检的可疑情形，执勤民警（协警）在3分钟内组织人员携带警用通信设备（如对讲设备、执法记录设备）及警用防护用具（警棍、盾牌、钢叉等）到达现场。

（2）警务人员到达现场后劝离强行闯安检点乘客，评估态势，识别潜在危险。

（3）若可疑人员无法控制或发动暴恐袭击的，现场警务人员立即集结区域内的所有力量，携带武器（执勤民警）、应急装备（钢叉、盾牌、铁棍、防刺服、防刺手套、胡椒喷雾、灭火器等）迅速赶赴现场开展处置工作。同时根据事态向地铁公安分局指挥中心及派出所报告，请求力量增援，并启动应急响应处置预案。

三、重特大违禁品的处置

安检人员执勤过程中发现疑似重特大违禁品（枪支、爆炸物品），首先要实施人物分离，以达到反恐防范的快速响应，降低危害。

（1）实施安检人物分离原则：通过岗位配合，通过X光安检机等设备分隔可疑人员与其随身携带物品。

（2）实施安检人物分离的违禁品类别：疑似枪支、疑似爆炸物、疑似汽柴油易燃易爆物品、疑似重大辐射物品、疑似重特大生化物品等。

（3）发现重大违禁品的人物分离流程。

① 值机员岗位工作：发现或确认重大违禁品后，立即按下X光安检机的停机键截留可疑物品，通过暗语提示引导员、开包手检员、手持金属探测器安检人员对可疑物品携带者实施重点检查（暗语可组员之间自行确定，如："请注意，现在光机主板模块故障"等）。

② 开包手检员岗位工作：接报值机员暗语提示后，首先确认可疑物品已被截留，同时向可疑物品携带者耐心解释安检设备机器故障，请乘客等待工作人员前往维修安检设备，确保可疑物品携带者跟重大违禁品不能接触。

③ 引导员岗位工作：接报值机员暗语提示后，使用伸缩隔离栏封锁安检点对乘客进行限流，同时引导乘客快速疏散后，协助开包手检员跟乘客做好人物分离工作。

④ 安检人员在直视范围内与受检人保持适当距离，控制安检中发现的可疑物品，

观察并掌握可疑人员动向,如可疑人员企图实施犯罪时,安检人员应在保护好自身安全的情况下进行阻止,同时采取措施进行先期处置并报告公安机关。

任务实施　可疑物品处置实操练习

一、任务描述

学生角色扮演模拟可疑物品的处置情境。

二、任务指导（教师）

（1）向学生说明模拟演练的目的和意义。

（2）和学生一起回顾可疑物品处置的重点流程。

（3）让学生自行组成小组,分别担任各岗位的角色,并将每个小组的任务进行分配。

（4）安排学生进行演练,对每个小组进行巡视,以确保演练的顺利进行。

（5）教师可以在演练过程中设置一些难题,加强演练的挑战性。

（6）通过对演练的总结与反思,培养学生的团队协作能力及自主学习思维。

三、任务操作（学生）

（1）学生按照分配的角色完成相关任务。

（2）各角色之间相互配合,有问题集体讨论。

（3）将本小组模拟成熟的可疑物品处置情境展示给全班同学。

任务评价

考评任务		配分	考评指标	学生自评	小组互评	教师评定
知识准备	基础理论知识回顾	5	未掌握可疑物品处置方法及流程扣5分			
任务组成	可疑物品处置演练	5	发现可疑物品未马上隔离扣5分			
		5	发现可疑物品未及时上报扣5分			
		5	发现可疑物品未进一步检测扣5分			
	可疑人员闯安检处置演练	12	可疑人员处置（安检人员未引导和劝阻扣4分；安检人员发现危险人员未与其他乘客隔离扣4分；安检人员未及时上报扣4分）			

(续表)

考评任务		配分	考评指标	学生自评	小组互评	教师评定
任务组成	可疑人员闯安检处置演练	12	车控室处置（值班站长未及时到安检点处置扣4分；值班站长未及时报告警务室扣4分；站务员未及时协助处理扣4分）			
		16	警务室处置（警务室人员未及时到达现场处置扣4分；未携带防护工具扣4分；未及时疏散乘客扣4分；紧急情况下未请求公安部门支援扣4分）			
	重大违禁物品的处置演练	16	值机人员发现重大违禁物品未使用暗语通知其他岗位人员扣4分；安检人员未实施人物分离扣4分；引导员未及时限流和疏散乘客扣4分；未想办法及时上报公安部门扣4分			
	小组成员之间的协作	4	演练过程中各岗位不能密切配合、不能相互协作扣4分			
实施过程中表现		10	旷课扣10分；迟到扣5分；上课睡觉扣5分			
协调合作，成果展示		10	不参与小组讨论扣5分；不在组内发言记录扣3分；不进行小组讨论总结扣2分			
总成绩（学生自评占30%，小组互评占40%，教师评定占30%）						

思考练习题

一、填空题

1. 城市轨道交通安检的原则是_____、_____、_____、_____。

2. 危险品的种类有_____、_____、_____、_____、_____。

3. 违禁品的种类有_____、_____、_____、_____。

4. 有机物的X射线图像呈现_____色，无机物的X射线图像呈现_____色，混合物的X射线图像呈现_____色，难以穿透物品的X射线图像呈现_____色。

5. 液体的X射线图像呈现_____色，金属物品的X射线图像呈现_____色。

6. 发现可疑物品首先应该_____。

二、简答题

1. 如何处置可疑物品？

2. 如何处置重特大可疑物品？

项目四

城市轨道交通安检礼仪素质培养

知识要点

1. 安检礼仪概述；
2. 安检人员的仪容仪表；
3. 安检人员的仪态礼仪。

学习目标

1. 知识目标：
(1) 了解服务礼仪的定义、基本原则、作用；
(2) 掌握城市轨道交通安检人员仪容仪表要求与具体标准；
(3) 了解仪态礼仪的含义与原则；
(3) 掌握城市轨道交通安检人员的仪态礼仪要求及训练方法；
2. 能力目标：
(1) 能够保持良好的精神风貌和仪容仪表；
(2) 能够保证仪态礼仪的标准。
3. 素质目标：
(1) 培养爱岗敬业的职业精神；
(2) 树立文明服务意识，提高职业素养。

城市轨道交通安检安保岗位实务

任务一 安检安保人员服务礼仪认知

案例引入

某日,一名乘客拖着一箱未封的桂圆,经过上海地铁4号线浦东大道站1号口安检岗时,站在前面的安检员周某顺手抓了一把桂圆放进自己的口袋,站在后面的安检员徐某看见该行为但及时未制止,此过程被后面的一名女乘客看到并用手机将整个过程拍了下来,上传至微博。

自修自律也是礼仪的一种体现,安检安保人员要严格要求自己,提升自己的职业素质和修养。以上案例中的两名安检员,一个"眼贪手痒",另一个视而不见,他们的行为不仅违反了《安检操作规范手册》中的规定,对个人和集体造成了不良影响,更严重影响到安检队伍的社会形象。

相关理论知识

安检礼仪是指城市轨道交通安检人员在工作岗位上通过言谈举止等对乘客表示尊重和友好的行为规范,简单地说,就是安检安保人员在工作场合适用的礼仪规范和工作艺术。礼仪是体现服务的具体过程和手段,使无形的服务有形化、规范化、系统化。

一、服务礼仪基本内容

掌握服务礼仪的基本内容,一方面可以提高安检安保人员的个人素质和服务质量,另一方面可以有效提高企业的形象。

(一)定义

服务礼仪是各服务行业人员必备的素质和基本条件。出于对客人的尊重与友好,在服务中要注重仪表、仪容、仪态和语言、操作的规范;热情服务则要求服务人员热忱地向客人提供主动、周到的服务,从而表现出服务人员的良好风度与素养。

(二) 基本原则

1. 尊重原则

孔子说:"礼者,敬人也",这是对礼仪的核心思想高度的概括。所谓尊重的原则,就是要求我们在服务过程中,要将对乘客的重视、恭敬、友好放在第一位,这是礼仪的重点与核心。因此在服务过程中,首要的原则就是敬人之心常存,掌握了这一点,就等于掌握了礼仪的灵魂。

2. 真诚原则

服务礼仪所讲的真诚,就是要求在服务过程中,必须待人以诚,只有如此,才能表达对乘客的尊敬与友好,才会更好地被对方所理解,所接受。与此相反,倘若仅把礼仪作为一种道具和伪装,在具体服务过程中口是心非,言行不一,则是有悖礼仪的基本宗旨的。

3. 宽容原则

宽容是要求我们在服务过程中,既要严于律己,更要宽以待人。要多体谅他人,多理解他人,学会与乘客进行心理换位,不要求全责备,咄咄逼人。

4. 适度原则

适度原则的含义,是要求应用礼仪时,为了保证取得成效,必须注意技巧,合乎规范,特别要注意做到把握分寸,认真得体。这是因为凡事过犹不及。假如做得过了头,或者做得不到位,都不能正确地表达自己的自律、敬人之意。

二、安检安保人员服务礼仪的作用

(一) 便于沟通

在与乘客的交谈中,安检安保人员应当自觉遵守礼仪规范,这样使双方便于沟通,既有助于乘客在轻松的环境中舒心地乘车,也有助于安检工作的顺利开展。

(二) 协调关系

礼仪是人际关系和谐发展的调节器。在安检过程中对乘客以礼相待,有助于加强团结,建立互相尊重、友好合作的新型人际关系,避免与乘客发生某些不必要的纠纷。

(三) 维护和谐

礼仪是整个社会文明发展的反映和标志,同时也反作用于社会,对社会的风尚产生广泛、持久和深刻的影响。讲礼仪的安检人员越多,城市轨道交通就越安定和谐,也更能有助于有效地维护社会秩序。

城市轨道交通安检安保岗位实务

任务实施　收集礼仪故事

一、任务描述

分组查找收集礼仪相关的故事,并进行分析。

二、任务指导（教师）

(1) 开始任务前,教师向学生介绍礼仪相关的故事可以帮助学生了解和掌握传统文化中的礼仪规范,并培养学生文化素养。
(2) 鼓励学生积极查找收集与礼仪相关的故事,并要求其保证故事的真实性和可信度。
(3) 对任务完成时间进行规定,以确保学生能够按时完成任务。
(4) 在完成任务过程中,教师不断监督、指导和交流,以确保学生能够完成任务。

三、任务操作（学生）

(1) 学生首先小组内分工查找并收集与礼仪有关的故事。
(2) 学生分析和整理小组已收集到的礼仪故事,选取两个有代表性的故事进行深入阅读和分析。
(3) 学生需要对故事中的人物角色、情节及涉及的礼仪规范等方面进行详细描述。
(4) 结合故事的社会背景和个人实践经验,学生发表自己对礼仪故事的教育意义和启示等方面的看法。

任务评价

考评任务		配分	考评指标	学生自评	小组互评	教师评定
知识准备	基础理论知识回顾	5	未掌握礼仪的作用扣3分；未掌握礼仪的原则扣2分			
任务组成	查阅资料时间	5	资料不全面扣1分；资料准确性低扣1分；整理和分析不足扣1分			
			未在规定时间完成扣2分			
	收集礼仪故事	15	故事数量（收集到5个或以下的礼仪故事10分；收集到6～10个礼仪故事20分）			
		25	故事质量与多样性（故事内容单调,缺乏多样性10分；故事内容较丰富,但部分故事相似度高20分；故事内容丰富多样,涵盖不同文化、场景和礼仪知识25分）			

（续表）

考评任务		配分	考评指标	学生自评	小组互评	教师评定
任务组成	收集礼仪故事	10	故事整理与呈现（故事整理混乱，不易于阅读和理解 5 分；故事整理较为有序，但呈现方式略显单调 7 分；故事整理有序，呈现方式丰富多样，易于阅读和理解 10 分）			
	任务汇报	10	汇报内容不完整扣 1~5 分；汇报内容不准确扣 5 分			
		10	汇报成员仪态礼仪不标准扣 1~5 分；语言表达能力欠缺扣 1~5 分			
实施过程中表现		10	旷课扣 10 分；迟到扣 5 分；上课睡觉扣 5 分			
协调合作，成果展示		10	不参与小组讨论扣 5 分；不在组内发言记录扣 3 分；不进行小组讨论总结扣 2 分			
总成绩（学生自评占 30%，小组互评占 40%，教师评定占 30%）						

任务二 安检安保人员的仪容仪表塑造

案例引入

某地铁站接到了一名乘客投诉，投诉内容为安检人员的仪容仪表不符合标准，导致乘客产生了不良体验。具体情况如下：这名乘客在安检口遇到了两名安检人员，其中一名安检人员制服凌乱，另一名安检人员的头发杂乱无序。这名乘客对这两名安检人员的形象感到不满，并认为这种不专业的仪容仪表会降低乘客对地铁车站安全管理的信任度。

安检安保人员良好的仪容仪表可以提升整个安检岗位的形象，增强乘客对安检安保人员的信任。那么，安检安保人员的仪容仪表有哪些具体的要求呢？

相关理论知识

仪容仪表是城市轨道交通安检安保人员学习服务礼仪的重要环节，城市轨道交通安检人员要掌握仪容修饰的基本原则与微笑服务的具体要求并应用于实践。

一、仪容仪表的基本要求

仪容即容貌,由发式、面容以及人体所有未被服饰遮掩的肌肤所构成,是个人仪表的基本要素。保持清洁是最基本的仪容要求,同时要注重协调原则。

(一)干净

干净整洁是仪容仪表的首要要求,干净的面容会使人看起来亲切且精神饱满。在日常生活中要保持头发、面部、手部的卫生清洁,做到干净整洁。

(二)协调

城市轨道交通安检安保人员在妆容色彩搭配、发型与服饰搭配、妆容与场合搭配等方面要注重协调原则。

二、安检安保人员仪容仪表的具体标准

安检安保人员无论在岗或非在岗期间,均要以维护、提升地铁安检安保服务形象为己任,全心全意为乘客服务,以此树立、提升地铁安检安保服务形象。

(一)安检安保人员仪容仪表标准

(1)着装标准。上班时间应按规定整齐统一穿着工作制服。着工作制服时,应衣装整洁,不缺扣、不立领、不挽袖挽裤;衬衫必须束入腰带,内衣不得长于外套;凡着工作制服时,必须按规定穿配套鞋子,并保持整洁;佩戴标志要清洁平整,有绶带佩挂于左肩上;安检岗位应着手套上岗,手套保持干净整洁,如图4-2-1所示。

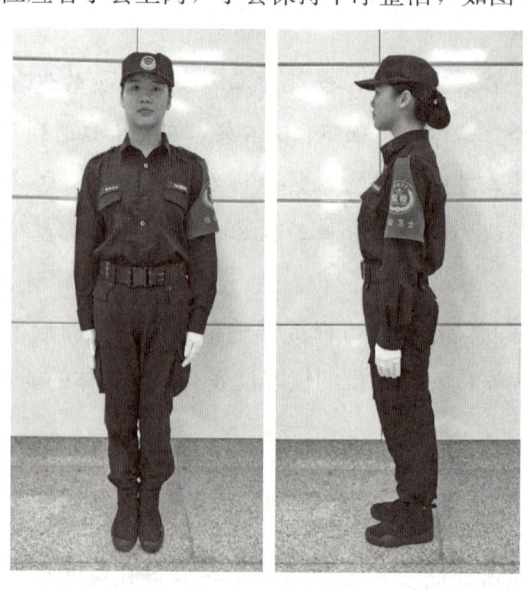

图4-2-1 安检人员的着装标准

(2) 女员工佩戴头花的须把头发挽于头花网内，妆容、发型、首饰从简，不能佩戴夸张饰物，不能涂艳丽指甲，不能染鲜艳头发，如图4-2-2所示；男员工不准留长发、大包头、大鬓角和胡须，头发长度不得过眉、过耳、过后衣领，不能染头发。

 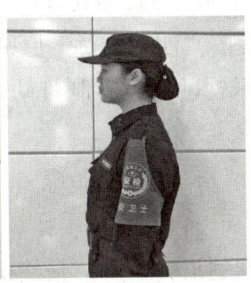

图 4-2-2　女员工妆容

(3) 立岗时，应站姿挺拔、双手自然下垂或双手握拳自然下垂放于身体前方（或背手跨立），不能东倒西歪，不得玩手指、玩钥匙、手插进口袋或手搭在物品上、倚靠墙柱等；坐时要端正、挺胸抬头，不得斜躺、抖腿、用手托腮及趴在桌面上，做到"站有站相，坐有坐姿"。

(4) 在岗时要精神饱满，举止大方，行为端正。不得将个人情绪带到工作上，不得剪指甲、挖耳朵、打哈欠及伸懒腰等，不得有倚靠设备、蹲地、吵闹等不文明行为。

(5) 专心认真工作，不在岗位上聊天、说笑、追逐打闹或做与岗位工作无关的事，如看报、吃东西、私自会客、电话聊天等。

(6) 员工穿着制服搭乘地铁时，应注意仪容仪表，着装整齐，不穿有污垢、污渍制服，不得赤膊、赤脚或穿拖鞋，不卷袖或卷裤管；上下班途中，如穿着工装，须按标准着装，注意仪态，举止文明。

（二）安检安保人员面对乘客咨询的工作标准

(1) 遇到乘客求助、咨询时，面向乘客，立定，双脚自然并拢；以"您好"开始，询问乘客有什么需要帮忙；处理完事务后，以"再见"结束。

(2) 回答乘客咨询时，要耐心有礼，面带微笑。不得不理睬，不得边走边回答，也不得以摇头、点头等方式回答乘客问题，应站立或停下手中工作认真回答。（工作确实无法终止应请乘客稍等，并在工作后第一时间回答）

(3) 对自己无法回答的询问，以"请咨询车站工作人员"引导乘客咨询站务工作人员，并指示工作人员所在区域。不得误导乘客，不得互相推诿。

(4) 应根据乘客的不同身份使用恰当的称呼用语，如先生、女士、小朋友、叔叔、阿姨等，不得使用"喂""嘿""哎""那位"等不礼貌用语称呼乘客。在与少数民族、宗教人士、外籍人士交谈时，不准使用对方的禁忌语言。

(5) 处理违规事宜要态度和蔼。首先要为给乘客带来的不便向乘客表示歉意，做到耐心、有礼，态度友善、语气温和，不得讲斗气、噎人、训斥、顶撞或不在理的话。

(6) 如安检安保人员第一时间不能处理投诉事件，应立即通知车控室，车控室接到信息后，须在 2 分钟内到场为乘客处理相关事务。

(7) 处理乘客投诉按"四不放过"原则，即投诉原因分析不清不放过、责任人和其他员工没有受到教育不放过、没有制订防范整改措施不放过、责任者没有受到严肃处理不放过。

三、微笑服务的基本要求

微笑，是一种特殊的语言——"情绪语言"。在日常生活中，我们都喜欢和经常面带微笑的人交往，它可以架起友谊的桥梁，给人以美好的享受，微笑已经成为社交和工作的要求。

（一）微笑的种类

根据笑容的大小可以分为三种，即小微笑、普通微笑和大微笑。微笑需要根据个人的嘴形、牙齿、神态、气质等因素来选择和练习。

(1) 小微笑：把嘴角两端提起，两侧嘴角高于唇心，不露牙齿。

(2) 普通微笑：嘴角肌、颧骨肌与其他笑肌同时运动，微微露齿。

(3) 大微笑：一般以露出 6 颗或者 8 颗牙齿为宜。

（二）微笑的练习方式

(1) 利用筷子训练。用门牙两侧轻咬筷子，翘起两侧嘴角，保持嘴角两端与筷子平行，持续 10 秒，抽出筷子，反复练习。

(2) 利用镜子训练。对着镜子练习，自我观察，不断练习"三种"微笑。

(3) 利用发声练习。发"一""七""茄子"等音可进行微笑练习。

任务实施　个人仪容仪表整理

一、任务描述

(1) 按照安检安保人员仪容仪表的要求，进行个人仪容仪表的整理，并互相检视和整改。

(2) 模拟演练乘客咨询。

二、任务指导（教师）

(1) 讲解安检安保人员仪容仪表的重要性，以及标准的仪容仪表要素。

(2) 示范整理个人仪容仪表的方法和步骤。

项目四　城市轨道交通安检礼仪素质培养

(3) 指导学生认真观察自己的仪容仪表，找出不符合标准的地方。

(4) 分组指导学生整理仪容仪表。

(5) 指导学生模拟演练乘客咨询时的话术。

三、任务操作（学生）

(1) 学生分组进行个人仪容仪表整理。

(2) 在教师的指导下，学生认真检查自己的仪容仪表，注意头发、衣着、面部肌肤等方面。

(3) 按照教师示范的方法和步骤，学生逐一整理自己的仪容仪表。

(4) 整理完毕后，学生互相点评、提出意见和建议。

任务评价

考评任务		配分	考评指标	学生自评	小组互评	教师评定
知识准备	基础理论知识回顾	5	未掌握安检人员的仪容仪表要求扣5分			
任务组成	个人仪容仪表整理	15	着装（制服不整洁或缺扣扣3分；制服立领或挽袖挽裤扣3分；衬衫未束入腰带或内衣长于外套扣3分；未按规定穿配套鞋子扣3分；未着手套上岗或手套不干净整洁扣3分）			
		20	妆容首饰（女员工未佩戴头花或未把头发挽于头花网内扣5分；男员工留长发、大包头、大鬓角和胡须扣5分；佩戴夸张饰物扣5分；涂艳丽指甲扣5分；染鲜艳头发扣5分）			
		25	动作举止（站立时东倒西歪、玩手指、玩钥匙、手插进口袋或手搭在物品上、倚靠墙柱等扣5分；坐着时不端正、不挺胸抬头、斜躺、抖腿、用手托腮及趴在桌面上扣5分；在岗时将个人情绪带到工作上扣5分；在岗时剪指甲、挖耳朵、打哈欠及伸懒腰等扣5分；在岗位上聊天、说笑、追逐打闹或做与岗位工作无关的事，扣5分）			
	乘客咨询时的服务工作练习	12	语言动作（未使用礼貌用语扣2分；无称呼扣2分；回答问题时无耐心扣2分；语气不友善扣2分；未面带微笑扣2分；动作粗暴，如敲打设备等扣2分）			
		3	处理问题的能力（不能第一时间处理投诉事件扣3分）			
实施过程中表现		10	旷课扣10分；迟到扣5分；上课睡觉扣5分			
协调合作，成果展示		10	不参与小组讨论扣5分；不在组内发言记录扣3分；不进行小组讨论总结扣2分			
总成绩（学生自评占30%，小组互评占40%，教师评定占30%）						

任务三 安检安保人员的仪态礼仪训练

案例引入

某地铁站的一名安检人员在执行安检任务时，与乘客发生了争执。乘客认为安检人员的态度粗鲁，没有给予自己尊重。虽然安检人员最终完成了安检工作，但此事件引起了社会舆论的关注和抨击。这一事件表明，安检人员的仪态举止不仅与他们个人形象有关，也影响乘客的感受和体验。如果安检人员能够通过仪态礼仪学习，学习如何与乘客进行有效的沟通、如何处理突发事件，那么这种情况或许就可以避免。

因此，安检安保人员的仪态学习对于提高其职业素养、提升工作效率、增强服务意识等方面都有着积极的意义。只有不断督促和引导安检安保人员积极学习仪态知识，才能保证安检服务水平的稳定提高。

相关理论知识

仪态指的是人的姿态、举止和动作。一个人的行为举止体现了一个人的文化素养。在人际交往中，人的情感会借助人体的各种姿态表露或者流露出来，就是我们常说的"体态语言"。不管是在人际交往中还是在生活工作中，得体的仪态都是必不可少的，在生活中最能体现一个人的礼仪仪态的常有站姿、坐姿、蹲姿、走姿、手势等，这些仪态在实际的生活中有很多的规范。

一、仪态礼仪的原则

(1) 真诚原则。运用仪态礼仪时，务必诚信无欺，言行一致，表里如一。

(2) 适度原则。应用仪态礼仪时要注意做到把握分寸，认真得体。

(3) 从俗原则。由于国情、民族、文化背景的不同，必须坚持入乡随俗，与绝大多数人的习惯做法保持一致，切勿目中无人、自以为是。

二、安检安保人员仪态要求及训练方法

（一）站姿

站姿是安检安保人员常用的姿势，指人在停止行动之后，直立身体、双脚着地的

姿势。站立是人们日常交往中一种最基本的举止，更是安检人员最常用的工作姿态，它是一种静态的身体姿势，又是其他动态身体姿势的基础和起点。

正确的站姿能够帮助呼吸和改善血液循环，减轻身体疲劳。尤其安检人员基本都是站立服务，更应注意站姿。

站姿的标准：头正、肩平、臂垂、躯挺、腿并，重心位于脚掌，侧面看头、颈、背、腿应在一条直线上，如图 4-3-1 所示。

手位常有垂放两侧、右手搭左手放于体前、双手叠放于体后、一手放于体前一手放于体后四种类型。右手搭左手放于体前是在工作中运用最多的形式。双手叠放于体后一般用于安检人员进行巡视时。脚位常有"V"字步、"丁"字步和双脚平行分开不超过肩宽这三种类型。

站姿的训练方法：

（1）靠墙练习。站立时，头、背、臀均紧挨墙面。

（2）顶书练习。头顶一书，保持平衡，练习头正颈直（图 4-3-2）。

图 4-3-1　安检人员站姿展示

图 4-3-2　顶书练习

（3）背靠背练习。两人一组，要求后脑勺、肩部、臀部、脚后跟相互紧贴。

（二）坐姿

坐姿不仅仅是静态的姿势，还有入座和离座的动态姿势。坐姿的标准：入座时要轻、稳；入座后上体自然挺直，挺胸，双膝自然并拢，双腿自然弯曲，双肩平整放松，双臂自然弯曲，双手自然放在双腿上或椅子、沙发扶手上，掌心向下；头正、嘴角微闭，下颌微收，双目平视，面容平和自然；坐在椅子上，应坐在 1/2 或者 2/3 处；离座时，要自然稳当。

女士坐姿常有以下三种。

（1）标准式：两膝并拢，小腿垂直于地面，两脚保持小丁字步。两手搭放在双腿上，置于大腿部的 1/2 处。要求上身和大腿、大腿和小腿都应成直角，双膝、双脚包括两脚的脚跟都要完全并拢，如图 4-3-3 所示。

（2）屈直式：右脚前伸，左小腿屈回，大腿靠紧，前脚全脚着地，后脚脚掌着地，并在一条直线上，如图 4-3-4 所示。

图 4-3-3　女士标准式坐姿　　　　　　　　图 4-3-4　女士屈直式坐姿

（3）侧点式：两小腿向左斜出，两膝并拢，右脚跟靠拢左脚内侧，头和身躯向左斜。注意大腿小腿成 90°，小腿要充分伸直，尽量显示小腿长度。力求使斜放后的腿部与地面成 45°角，如图 4-3-5 所示。

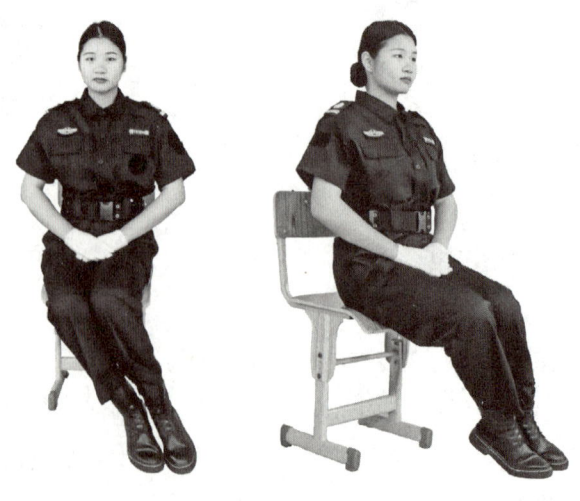

图 4-3-5　女士侧点式坐姿

男士坐姿常有以下两种。

（1）标准式：上身正直上挺，双肩平正，两手放在两腿或扶手上，双膝与肩同宽，小腿垂直地落在地面，两脚自然分开成45°，如图4-3-6所示。

图 4-3-6　男士标准式坐姿　　　　　　　　图 4-3-7　男士重叠式坐姿

（2）重叠式：右腿叠在左腿膝上部，右小腿内收、贴向左腿，脚尖自然地向下垂。双手搭于座椅两侧扶手或者膝盖上方，如图4-3-7所示。

坐姿的训练方法：

（1）加强腰部、肩部的力量和支撑力的训练，进行舒展肩部的动作练习，同时利用器械进行腰部力量的训练。

（2）按照动作要领体会自己的坐姿，纠正和调整不良习惯。

（3）坐姿训练应持续10分钟以上，以加强腰部的支撑能力。

(三) 蹲姿

蹲姿常用于安检人员捡拾物品。蹲姿的标准：站在所取物一旁，一脚前、一脚后，弯曲双膝，不要低头且双脚支撑身体。下蹲时，要保持上身挺拔，体态自然。在工作中要避免突然下蹲，避免采用蹲姿进行休息。

蹲姿的常用形式：

（1）高低式蹲姿。一脚前、一脚后，弯曲双膝，两膝一高一低，不要低头且双脚支撑身体，蹲下时要保持上身的挺拔，体态自然。女士两腿膝盖相贴靠，男士膝盖朝前方，如图4-3-8所示。

（2）交叉式蹲姿。仅限于女士，蹲下时双膝交叉在一起，两腿交叉重叠，蹲下时要保持上身的挺拔，后腿脚跟抬起，脚掌着地，上身略向前倾。

常用的蹲姿的训练方法：

(1) 加强脚踝、膝盖等关节的柔韧性，练习提腿、压腿、活动关节等动作。

(2) 蹲姿控制练习，要有意识地控制平衡，保持蹲姿，形成好的习惯。

图 4-3-8　高低式蹲姿　　　　　　　　　　图 4-3-9　走姿

（四）走姿

走姿是站姿的延续，呈现的是动态的姿势，如图 4-3-9 所示。走姿的基本要求如下：

(1) 规范的行姿要首先要以端正的站姿为基础。

(2) 双肩应平稳，以肩关节为轴，双臂前后自然摆动。

(3) 上身挺直，头正、挺胸、收腹、立腰，重心稍向前倾。

(4) 注意步位，脚尖略开，起步时，身体微向前倾，两脚内侧落地，不要将重心停留在后脚，在前脚着地和后脚离地时要注意伸直膝部。

(5) 步幅适当。一般前脚的脚跟与后脚的脚尖应相距一脚长左右的距离，步伐稳健步履自然，要有节奏感，并保持一定的速度。

(6) 切忌夹着手臂走动，只摆动小臂或双脚蹭着地走。

走姿的训练方法：

(1) 沿着地面砖的直线缝隙进行直线行走练习。挺胸抬头，不要低头看地。

(2) 顶书练习。以立正姿势站好，出左脚时脚跟着地，落于离直线 5 厘米处，迅速过渡到脚尖，脚尖稍向外，右脚动作同左脚，并注意立腰、挺胸、展肩。

(3) 每次练习不少于 30 分钟。

（五）引导手势

手势是人们在社会活动中不可缺少的动作，是最有表现力的一种体态语言。常见的引导手势有直臂式、曲臂式、横摆式、斜摆式。引导手势的基本要求如下。

（1）意思准确。安检安保人员手势必须与语言的内容相一致，不能让乘客难以理解，甚至误解。虽然相同的手势在不同的国家、民族会有不同的意思，但手势又有一定的规定性和更多的一致性。

（2）简单明了。安检安保人员的每个手势都力求简单、精练、清楚、明了，要做到干净利索，不要过于烦琐、拖泥带水。

（3）自然大方。安检安保人员手势的使用要自然大方，不要过于机械、僵硬。

（4）手势适时。安检安保人员要在乘客达到安检点前手势引导，不要等到乘客走到前面才进行手势引导。

引导手势的训练方法：以右手臂从体侧或前方抬起，五指并拢，掌心向上，首先指向他人身体中端，再平行划向所指的方向，待乘客离去后再将手臂收回，如图4-3-10所示。

图4-3-10 安检安保人员进行引导手势训练

任务实施　仪态礼仪练习

一、任务描述

按照标准要求进行坐姿、站姿、蹲姿、走姿、引导手势的练习。

二、任务指导（教师）

（1）讲解安检人员仪态的重要性，以及符合标准的仪态要素。

（2）示范正确的坐姿、站姿、蹲姿、走姿、引导手势。

(3) 指导学生进行仪态练习，纠正不符合标准的地方。
(4) 指导学生如何根据不同情况调整自己的仪态。

三、任务操作（学生）

(1) 学生跟随教师示范，学习正确的仪态。
(2) 每名学生分别进行仪态练习，其他学生观察并提出意见和建议。
(3) 学生互相配对，进行角色扮演，练习在不同情况下的仪态表现。
(4) 小组讨论，分享自己的感受和体会。

任务评价

考评任务		配分	考评指标	学生自评	小组互评	教师评定
知识准备	基础理论知识回顾	5	未掌握仪态礼仪的类型及要求扣5分			
任务组成	坐姿练习	15	规范性及标准化程度（女士标准式坐姿不正确扣5分；女士屈直式坐姿不正确扣5分；女士侧点式坐姿不正确扣5分；男士标准式坐姿不正确扣8分；男士重叠式坐姿不正确扣7分）			
	站姿练习	15	规范性及标准化程度（手位不正确扣5分；脚位不正确扣5分；头不正、肩不平扣5分）			
	蹲姿练习	10	规范性及标准化程度（高低式蹲姿不正确扣5分；交叉式蹲姿不正确扣5分）			
	走姿练习	20	规范性及标准化程度（上身不正扣5分；手位不当扣5分；步位不当扣5分；步幅不当扣5分。）			
	引导手势练习	15	规范性及标准化程度（直臂式引导手势不正确扣5分；曲臂式引导手势不正确扣5分；横摆式引导手势不正确扣5分；斜摆式引导手势不正确扣5分）			
实施过程中表现		10	旷课扣10分；迟到扣5分；上课睡觉扣5分			
协调合作，成果展示		10	不参与小组讨论扣5分；不在组内发言记录扣3分；不进行小组讨论总结扣2分			
总成绩（学生自评占30%，小组互评占40%，教师评定占30%）						

项目四　城市轨道交通安检礼仪素质培养

思考练习题

一、填空题

1. 服务礼仪的基本理论内容包括_____、_____、_____。
2. 服务礼仪有_____、_____、_____、_____的作用。
3. 仪容仪表的基本要求有_____、_____。
4. 仪态礼仪要遵守_____、_____、_____的原则。

二、简答题

1. 安检人员着装标准是什么？
2. 安检工作面对乘客咨询的工作标准有哪些？
3. 女士标准式、屈直式、侧点式坐姿的要求分别是什么？
4. 走姿的基本要求有哪些？

项目五

安检安保人员的日常训练

知识要点

1. 队列训练；
2. 体能训练；
3. 个人防卫技能训练；
4. 安检引导手势训练；
5. 防爆器械的使用与多人协作处置。

学习目标

1. 知识目标：
(1) 掌握安检安保人员队列条例规定的规范动作；
(2) 掌握安检安保人员个人防卫技能要点。
2. 能力目标：
(1) 能够具备安检安保人员个人防卫技能；
(2) 能够正确引导乘客接受安检；
(3) 能够正确使用防爆器械。
3. 素养目标：
(1) 提高个人防卫意识；
(2) 培养良好的身体素质和心理素质；
(3) 培养团队协作能力。

任务一 安检安保人员的队列训练

案例引入

某车站接到一则投诉：某安检人员安检时，态度很不礼貌，没有给予乘客必要的尊重和关注，他的安检姿势缺乏专业性，看上去像是在随便应付工作，而不是在认真负责的工作。该安检人员缺乏队列训练和专业练习，他没有意识到他的姿势和态度对乘客的影响是多么大。

通过队列训练，既可以亲身感受和体验整齐划一和严格正规的队列生活，更能培养良好的身姿，纠正和克服诸如挺腹、含胸、歪头、斜肩等不良习惯，培养仪容仪表规范、穿戴整洁的良好习惯，树立良好的时间观念、组织纪律观念、集体观念和讲求规范及雷厉风行的工作作风，促进队风队纪建设。

相关理论知识

队列训练是按照队列条令所规定的规范动作，进行的队形训练活动，也称制式训练。它具有迅速、准确、协调一致、整齐严肃等特点，目的在于展现良好的执勤形象、严肃的仪容仪表、协调一致的动作和严格的组织纪律性，以适应城市轨道交通安全检查的行业要求，并树立良好的职业形象。

一、立正

口令：立正。

要领：当听到立正的口令后，两脚跟靠拢并齐，两脚尖向外分开约60°；两腿挺直，两膝夹紧，小腹微收，自然挺胸，上体正直，微向前倾；两肩要平，稍向后张；两臂下垂自然伸直，手指并拢自然弯曲，拇指贴于食指第二节，中指贴于裤缝；头要正，颈要直，口要闭，下颌微收，目视前方，如图5-1-1所示。

二、跨立

跨立主要用于操练、值勤和列队等场合。可以与立正互换。

图 5-1-1　立正　　　　　　　图 5-1-2　跨立

口令：跨立。

要领：左脚跨出约一脚长，两腿挺直，上体保持立正姿势，收腹挺胸，身体中心落于两脚之间。两手后背，左手握右手腕，拇指根部与内腰带上沿同高；右手手指并拢自然弯曲，手心向后，两眼向前平视，如图 5-1-2 所示。

三、稍息

口令：稍息。

要领：听到稍息的口令后，左脚沿脚尖方向伸出全脚长达三分之二，两腿自然伸直，重心大部分落在右脚，上体保持正直，如图 5-1-3 所示。

四、向右（左）转

口令：向右（左）转。

要领：以右（左）脚跟为轴，右（左）脚跟和左（右）脚掌协调用力，迅速使身体协调一致向右（左）转体 90°。重心大部分落于右（左）脚，两脚挺直，稍作停顿后，左（右）脚取捷径迅速靠脚，恢复成立正姿态，如图 5-1-4、图 5-1-5 所示。

半面向右（左）转，按照向右（左）的要领转 45°。

图 5-1-3　稍息

五、向后转

口令：向后转。

图 5-1-4 向左转　　　　　　　　图 5-1-5 向右转

要领：以右脚跟为轴，右脚跟和左脚尖协调用力，迅速向右转体180°，两腿挺直夹紧，重心落于右脚，稍作停顿后，左脚取捷径迅速靠拢右脚，恢复立正姿势，如图 5-1-6 所示。

图 5-1-6 向后转　　　　　　　　图 5-1-7 敬礼与礼毕

六、敬礼与礼毕

口令：敬礼。

要领：当听到敬礼口令后，右手取捷径迅速抬起，五指并拢自然伸直，中指微贴于帽檐前方两厘米处（不戴帽或戴无檐帽时微接太阳穴，与眉同高）。手心向下，稍向外张，手掌与水平面约成 20°。手腕不得弯曲，右大臂与两肩成一条线，同时注视受礼者，如图 5-1-7 所示。

口令：礼毕。

要领：当听到礼毕的口令后，右手取捷径迅速放下，如图 5-1-7 所示。

七、蹲下与起立

口令：蹲下。

要领：当听到蹲下的口令后，右脚平移后撤半步（与肩同宽），前脚掌着地，蹲下时，两手沿裤缝线下滑，手指自然并拢放在两膝上，左大臂夹紧左肋，右手自然伸直，臀部坐实右脚跟，膝盖不着地，两腿分开约60°。上体保持正直，两肩要平，两眼向前平视，如图 5-1-8 所示。

口令：起立。

要领：听到起立的口令后，两手环膝并沿裤缝线上滑，全身协力迅速起立，两腿挺直，稍作停顿后，迅速靠脚，恢复成立正姿势。

图 5-1-8　蹲下

蹲下分两步，后撤、蹲下；起立分两步：起立、立正；在分步练习中，及时纠正错误，最后进行集体练习，力求协调一致，踏脚有声。初次练习喊出"一、二"。

任务实施　分组队列训练

一、任务描述

分组进行安检安保工作人员队列练习。

二、任务指导（教师）

（1）讲解安检安保人员队列训练的重要性，以及队列训练的目的和意义。

（2）示范正确的站位方式、行进方式、换班方式等。

（3）指导学生如何配合队员完成任务，并提高整体效率。

（4）分组练习，根据不同情况进行调整和改进。

三、任务操作（学生）

（1）学生按照教师的示范，学习正确的队列训练方式。

（2）学生分组进行队列练习，每个组内有一名领队，组织全组人员进行队列训练。

（3）在练习过程中，学生需要不断纠正自己和同组人的错误，提高整体效率。
（4）完成练习后，进行总结和反思，提出自己的感受和建议。

任务评价

考评任务		配分	考评指标	学生自评	小组互评	教师评定
知识准备	基础理论知识回顾	5	未掌握队列动作练习要领扣5分			
任务组成	立正训练	10	脚动作不正确扣2分；腿动作不正确扣2分；手臂动作不正确扣2分；手指动作不正确扣2分；上身动作不正确扣2分			
	跨立训练	10	脚动作不正确扣2分；腿动作不正确扣2分；手臂动作不正确扣2分；手指动作不正确扣2分；上身动作不正确扣2分			
	稍息训练	10	脚动作不正确扣2分；腿动作不正确扣2分；手臂动作不正确扣2分；手指动作不正确扣2分；上身动作不正确扣2分			
	向左向右转训练	15	脚动作不正确扣3分；腿动作不正确扣3分；手臂动作不正确扣3分；手指动作不正确扣3分；上身动作不正确扣3分			
	敬礼礼毕训练	15	脚动作不正确扣3分；腿动作不正确扣3分；手臂动作不正确扣2分；手指动作不正确扣3分；上身动作不正确扣3分			
	蹲下起立训练	15	脚动作不正确扣3分；腿动作不正确扣3分；手臂动作不正确扣3分；手指动作不正确扣3分；上身动作不正确扣3分			
实施过程中表现		10	旷课扣10分；迟到扣5分；上课睡觉扣5分			
协调合作，成果展示		10	不参与小组讨论扣5分；不在组内发言记录扣3分；不进行小组讨论总结扣2分			
总成绩（学生自评占30%，小组互评占40%，教师评定占30%）						

项目五　安检安保人员的日常训练

任务二　安检引导手势和语言训练

案例引入

某日早晨 8 点 45 分，乘客刘小姐背着一个白色单肩包进入地铁车站。在安检口，一名女安检人员提示"请安检"，刘小姐欣然接受。当时，她看到 X 光安检机履带上有污渍，就主动拿起塑料筐，把包放入筐中接受安检。安检过程无任何异常，正当刘小姐拿起自己的包准备进站，她听到了女安检人员在低声辱骂自己，这件事让刘小姐很气愤。

相关理论知识

安检引导岗位是安检的第一道关口，需要有敏锐的观察力和反应能力，要做到逢人必检，同时又要具备良好的执勤姿态，引导乘客进行安检。标准规范的引导手势与合理亲和的语言都能给工作带来便利。根据乘客的不同状况，安检人员要用不同的手势进行快速区分、快速引导，保证安检口的畅通。

一、引导手势和语言训练项目

（一）乘客徒手进站

语言："请进站"。

手势：身体向左侧转体 60°，右脚配合向左打开 60°，左手小臂抬起与大臂保持 90°，手掌摊开与地面保持 45°，掌心向上，往身后通道作出引导，如图 5-2-1 所示。完成动作后，迅速恢复成立正姿势。

乘客徒手进站引导

（二）乘客携带箱包进站

语言："您好，请安检"。

手势：身体保持不动，抬起左手，小臂与大臂保持 90°，小臂与地面保持平行略向上，手掌摊开向安检设备方向作出引导，如图 5-2-2 所示。待乘客走向安检设备后收回手势，恢复立正姿势。

引导携带箱包乘客安检

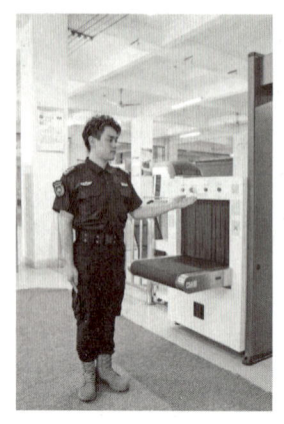
图 5-2-1 引导乘客进站

图 5-2-2 引导乘客放行李在安检机上

(三) 乘客主动放包安检

语言："谢谢配合，请进站"。

手势：迅速"敬礼"，然后做"乘客徒手进站"的手势。

(四) 乘客携带可疑物品进站

语言："对不起，请开包"。

手势：抬起右手，小臂与大臂保持90°，手掌摊开与地面保持45°，掌心向上，指尖朝向包的方向，乘客做出开包动作后恢复立正姿势，如图 5-2-3 所示。

引导携带可疑物品乘客开包检查

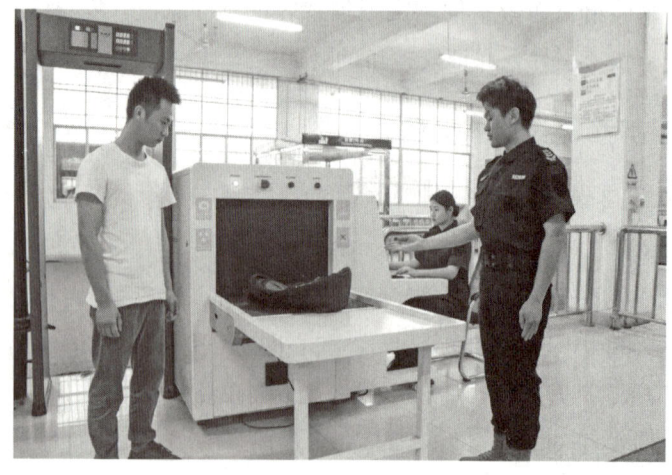
图 5-2-3 引导乘客开包检查

(五) 乘客拒绝安检

语言："您好，请配合安检"。

手势：右脚向右平行跨出约一脚之长，同时迅速向右侧抬起手臂与肩同高，与地面保持平行，五指并拢，掌心向前，以阻止乘客强行进站，如图5-2-4所示。乘客配合后恢复立正姿势。

引导拒绝安检乘客安检

图 5-2-4　阻止乘客强行进站

（六）乘客携带违禁物品进站

语言："对不起，您携带违禁物品，不能进站，请出站"。

手势：迅速向正前方抬起右手与肩同高，五指并拢，掌心向前，以阻止乘客进站。左手沿身体左侧向前抬起指向出站口的位置，乘客离去后恢复立正姿势，如图5-2-5所示。

引导携带违禁物品乘客出站

图 5-2-5　引导携带违禁物品乘客出站

二、训练注意事项

（1）注意语言和动作的配合。
（2）动作过程中注意面部表情，针对不同情况作出不同表情。
（3）注意保持与乘客的距离。

任务实施　引导手势及语言训练

一、任务描述

分组进行角色扮演，练习安检人员的引导手势和语言。

二、任务指导（教师）

（1）介绍安检人员引导手势和语言的重要性和必要性。
（2）演示标准的手势和语言，以及应该使用的场合。
（3）分组进行练习，根据学生表现进行调整和改进。
（4）在训练过程中，监督学生的训练，及时纠正错误，提高训练效率。

三、任务操作（学生）

（1）学生观看教师的演示，理解记忆引导手势和语言训练要领。
（2）学生分组，每组设置一名领队，通过安检人员和乘客的角色扮演，进行引导手势和语言的练习。
（3）练习中，学生需要不断修正自己的错误，提高自己的表现水平。
（4）完成练习后，进行总结和反思，综合评价自己的表现和小组整体效果。

任务评价

考评任务		配分	考评指标	学生自评	小组互评	教师评定
知识准备	基础理论知识回顾	5	未掌握引导手势和语言标准要求扣5分			
任务组成	不同情境下的引导手势和语言练习	10	乘客徒手进站引导（语言不正确扣4分；手势不正确扣6分）			
		10	乘客携带箱包进站引导（语言不正确扣4分；手势不正确扣6分）			

项目五　安检安保人员的日常训练

(续表)

考评任务	配分	考评指标	学生自评	小组互评	教师评定
任务组成	10	乘客主动放包安检引导（语言不正确扣4分；手势不正确扣6分）			
不同情境下的引导手势和语言练习	15	乘客携带可疑物品进站引导（语言不正确扣4分；手势不正确扣6分；应急处置不及时、不正确扣5分）			
	15	乘客拒绝安检引导（语言不正确扣4分；手势不正确扣6分；应急处置不及时、不正确扣5分）			
	15	乘客携带违禁物品进站引导（语言不正确扣4分；手势不正确扣6分；应急处置不及时、不正确扣5分）			
实施过程中表现	10	旷课扣10分；迟到扣5分；上课睡觉扣5分			
协调合作，成果展示	10	不参与小组讨论扣5分；不在组内发言记录扣3分；不进行小组讨论总结扣2分			
总成绩（学生自评占30%，小组互评占40%，教师评定占30%）					

任务三　个人防卫技能训练

案例引入

案例一：2018年12月17日，河北籍男子王某因拒不配合南宁火车站安检，并抡起自己的背包砸向女安检人员，被铁路公安机关依法处罚。当天上午6点左右，该男子进站安检，一名女安检人员提示说："您黑色背包内有不明物品，请配合我们开包检查。"王某一听这话，顿时勃然大怒，认为自己受到了不公平的待遇，拒不配合安检，骂声连连，并抡起自己的背包，狠狠地砸向女安检人员头部。此时，南宁火车站派出所执勤民警高明伟迅速赶到现场，打开执法记录仪，及时控制住了王某的过激行为，对其进行口头传唤。同时，将受伤的女安检人员送往医院进行检查。经过调查，王某包内的大量物品为小苏打、味精、盐和药品等。

案例二：2017年7月3日，广西南宁一老人在地铁安检口拒不配合安检，并推搡安检人员。当安检人员走开后，老人从背后"偷袭"，踢踹安检人员。而他拒绝安检的原因竟是觉得安检会有核辐射。

安检人员在工作过程中难免会遇到一些不配合安检的乘客，难免会与乘客发生冲突，甚至会遭到人身攻击，这种情况下我们不仅要做好本职工作，更要做好个人防卫。

相关理论知识

一、防卫的技术基础

防卫的技术基础包括基本姿势和步法（滑步）。

（一）基本姿势

基本姿势是指在防卫中采取合理的站位姿势和保护动作，同时加强安全戒备意识，为下一步攻防格斗做好充分的准备。基本姿势的采用必须遵循"三个有利于"的原则：有利于身体重心平稳；有利于移动侧向于自己优势的方位；有利于自身防护和攻防技术动作的实施。基本姿势主要有戒备姿势（格斗姿势）和监视姿势两种。

1. 戒备姿势

戒备姿势是为躲避和截住对手而保护自己这一目的服务的。所以戒备姿势的正确与否，在防守中起着很重要的作用。同时，此姿势可使身体始终处于强有力的状态。

动作要领：立正站立，右脚向后方撤出一大步，两脚开立，右膝微曲，侧身站立，脚距离与肩同宽；左脚微内扣，右脚跟外展35°，脚跟抬起，重心落于两腿之间；两手握拳，左前右后，拳眼均朝后上；左臂弯曲，肘关节夹角在90°~120°，左拳与鼻同高；右臂弯曲，肘关节夹角小于90°，大臂紧贴右侧肋部；收腹，下颌微收，闭嘴合齿，目视对手，如图5-3-1所示。

动作要点：身体自然放松，含胸拔背，沉肩垂肘，两腿微曲。

2. 监视姿势

动作要领：两脚开立，左脚在前，右脚在后，两膝略屈，两脚距离与肩同宽；身体侧45°站立，重心落于两腿之间或稍偏于右腿；两手自然放于体侧，下颌微收，目视对手，如图5-3-2所示。

图5-3-1 戒备姿势

图5-3-2 监视姿势

动作要点：身体自然放松，两腿保持一定弯曲度，以便随时移动，做出防守或进攻动作。

（二）步法（滑步）

步法训练的目的主要是调整好有利于自身的攻防距离，破坏对手的进攻路线和距离，达到出奇制胜的效果。步法的训练要求做到移动迅速、重心平稳。

动作要领：以格斗姿势站立，前脚（左脚）向前滑半步，后脚跟进半步，上体保持平衡，其他部位都要保持原来的格斗姿势。向右、向左、向后滑步与向前滑步动作要领相同。

动作要点：身体自然放松，平稳移动。向前移动，先动前脚；向后移动，先动后脚。移动中保持格斗姿势不变，整体移动。

二、基本的防守技术

（一）格挡

动作要领：格斗姿势站立，用左（右）手臂、手掌曲臂将小臂直线向外推出，由此做横向格挡，如图5-3-3所示。

动作要点：防守时判断要准确；格挡时小臂尽量垂直，动作幅度要小，速度要快。

（二）躲闪（下潜）

动作要领：格斗姿势站立，双腿屈膝，收腹含胸，重心下降，两手紧护胸及头，身体垂直向下，以躲闪多方的攻击，如图5-3-4所示。

动作要点：幅度不宜过大，动作要突然、迅速；下蹲躲要协调，并注意对头和躯干的保护，目视对方。

下潜

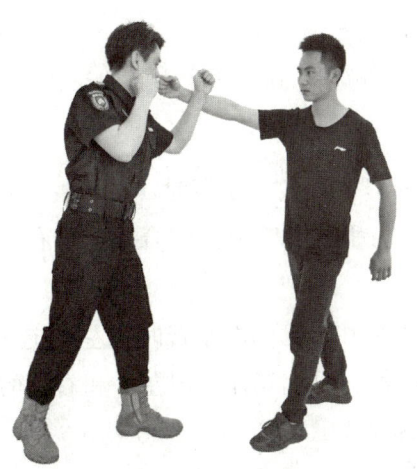

图5-3-3　格挡

图5-3-4　下潜

二、基本的解脱技术

(一) 单臂抓握解脱

动作要领：解脱法1：当对手右手由上往下抓握自己的右小臂时，右小臂应由下往上用力回拉，同时身体右转，以解脱对方的抓握，如图5-3-5（a）所示。

解脱法2：当对手右手由下往上抓握自己的右小臂时，右小臂应由上往下用力回拉，同时身体左转，以解脱对方的抓握，如图5-3-5（b）所示。

单臂抓握解脱

（a）解脱法1　　　　　　　　　（b）解脱法2

图5-3-5　单臂抓握解脱

动作要点：快速、有力，借助腰的旋转发力。

这两个动作的解脱办法都是从对方的拇指一侧解脱。切忌用蛮力、抽拉、硬扯等。

(二) 双臂抓握解脱

动作要领：解脱法1：当对方双手由上往下抓住自己的右小臂时，左手由上而下抓住自己的右手（抱拳），迅速转体，用左手拉和右手肘关节上挑的合力，将右手臂解脱，如图5-3-6（a）所示。

解脱法2：当对方双手由下往上抓住自己的右小臂时，左手应从其两手下方插入，抓住自己的右手（抱拳），迅速转体，用左手和右手的合力下拉，右肘向前上抬，将右手臂解脱，如图5-3-6（b）所示。

双臂抓握解脱

动作要点：左手抓握要快，转体扭腰，解脱法1的上挑合力要一致，解脱法2的下砸合力要一致。

切忌动作缓慢，单纯用一只手臂的力量。

（a）解脱法 1　　　　　　　　（b）解脱法 2

图 5-3-6　双臂抓握解脱

（三）抓胸解脱

动作要领：当对方用右手抓住自己胸口的衣服时，应迅速用右手按住其右手背，同时撤右脚，向右转体，用自己的左肩迅速顶撞其右手臂，达到解脱的目的。

动作要点：转体要猛而快，一定要牵动对方的重心，如图 5-3-7 所示。

切忌转体不够快、猛，发力不准确。

抓胸解脱

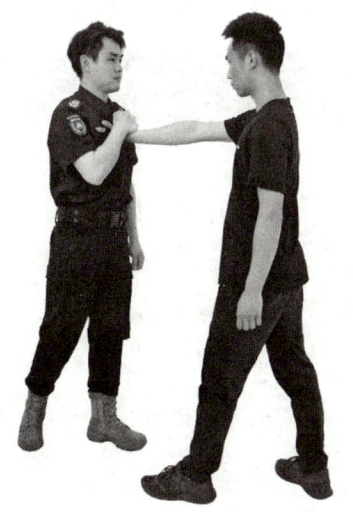 

图 5-3-7　抓胸解脱

城市轨道交通安检安保岗位实务

任务实施　个人防卫技能训练

一、任务描述

分组练习个人防卫技能。

二、任务指导（教师）

（1）介绍安检人员个人防卫技能的重要性和必要性。
（2）介绍常见的安全威胁和应对措施。
（3）解释并演示基础防卫技能，如防守姿势、解脱技能等。
（4）分组进行模拟训练，监督学生的训练，及时纠正错误，提醒学生训练过程中注意安全。

三、任务操作（学生）

（1）学生学习并掌握基础防卫技能。
（2）学生分组模拟不同的危险情境进行训练。
（3）在模拟训练中不断修正自己的防卫技巧。
（4）模拟训练结束后进行总结和反思，提高技能水平。

任务评价

考评任务		配分	考评指标	学生自评	小组互评	教师评定
知识准备	基础理论知识回顾	5	未掌握个人防卫技能要点扣5分			
任务组成	个人防卫动作练习	10	戒备姿势（脚动作不正确扣2分；腿动作不正确扣2分；手臂动作不正确扣2分；手指动作不正确扣2分；头部动作表情不正确扣2分）			
		10	监视姿势（脚动作不正确扣2分；腿动作不正确扣2分；手臂动作不正确扣2分；手指动作不正确扣2分；头部动作表情不正确扣2分）			
		5	步法（滑步）（脚动作不正确扣2分；腿动作不正确扣2分；上身不正扣1分）			
		10	格挡（脚动作不正确扣2分；腿动作不正确扣2分；手臂动作不正确扣2分；手指动作不正确扣2分；头部动作表情不正确扣2分）			

(续表)

考评任务		配分	考评指标	学生自评	小组互评	教师评定
任务组成	个人防卫动作练习	10	躲闪（下潜）（脚动作不正确扣2分；腿动作不正确扣2分；手臂动作不正确扣2分；手指动作不正确扣2分；头部动作表情不正确扣2分）			
	个人解脱技术动作练习	10	单臂抓握解脱（脚动作不正确扣2分；腿动作不正确扣2分；手臂动作不正确扣2分；手指动作不正确扣2分；头部动作表情不正确扣2分）			
		10	双臂抓握解脱（脚动作不正确扣2分；腿动作不正确扣2分；手臂动作不正确扣2分；手指动作不正确扣2分；头部动作表情不正确扣2分）			
		10	抓胸解脱（脚动作不正确扣2分；腿动作不正确扣2分；手臂动作不正确扣2分；手指动作不正确扣2分；头部动作表情不正确扣2分）			
实施过程中表现		10	旷课扣10分；迟到扣5分；上课睡觉扣5分			
协调合作，成果展示		10	不参与小组讨论扣5分；不在组内发言记录扣3分；不进行小组讨论总结扣2分			
总成绩（学生自评占30%，小组互评占40%，教师评定占30%）						

任务四 防暴器械的使用与多人协作处置训练

案例引入

2012年10月14日上午，上海轨道交通3号线内一列车行至中潭路至上海火车站之间时，发生一起持械伤人事件。从网友发布的照片看，伤者身着蓝色T恤，黑色外套，戴着眼镜，左胸位置鲜血直流，伤者一直用手捂着胸口。事发车厢内血迹斑斑。列车进站时，肇事者已被乘客制服。地铁工作人员随即拨打110、120，伤者被送往医院治疗，肇事者移交警方处理。

发生类似于以上乘客持械行凶事件时，安检安保人员就需要使用防爆器械，必要时多人协作制服行凶者，保护其他乘客及个人人身安全。

相关理论知识

一、防暴器械的使用条件

（1）当精神病患者、酗酒者、泄私愤者危害到公民人身安全和公共安全时；

（2）当发生持械行凶、纵火等个人极端暴力事件时；

（3）当发生以暴力方法抗拒执法或采取暴力侵害危及生命时；

（4）当发生危害公共安全、社会秩序和公民人身安全的事件时。

二、车站内配置的防暴器械及使用方法

车站内配置的防暴器械包括短警棍、长警棍、约束杆和盾牌，如图 5-4-1 所示。

（一）短警棍

使用短警棍时，通常用右手抓握握把，主要对对象实施近距离的打击，如图 5-4-2 所示。

注意事项：

（1）短警棍主要以戳击对象为主。

（2）击打持有凶器的对象时，不可单独使用。

（3）击打时，不可击打对象的颈部及以上部位。

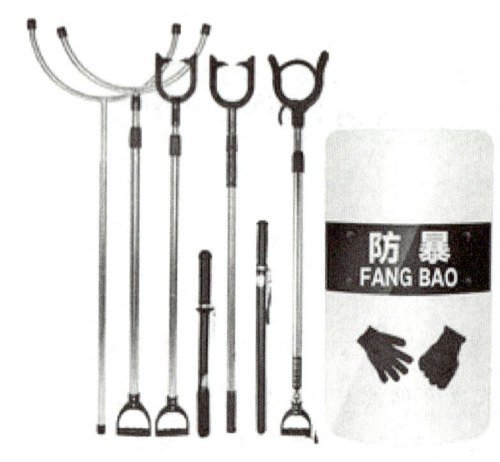

图 5-4-1　防暴器械

图 5-4-2　短警棍的使用

（二）长警棍

方法 1：使用长警棍通常左手握住长警棍中段、右手抓握长警棍的末端，双手合力由中、远距离击打对象，如图 5-4-3 所示。

长警棍的使用

图 5-4-3 长警棍的使用

图 5-4-4 长警棍驱散人群

注意事项：

(1) 使用时，人体下半身为弓步向前。

(2) 击打时，不可击打对象的颈部及以上部位。

方法 2：可在人群围观时，两人各握一端，合力驱散人群，如图 5-4-4 所示。

注意事项：在驱散人群过程中注意配合语言引导，如"请后退，请不要围观"等。

(三) 约束杆

使用约束杆时，通常用右手握握把，左手握住约束杆中段。使用时主要叉击对象的胸腹部，左手抓握时不要让手超过约束杆的中段，防止被对象击伤或者被接口处夹伤，如图 5-4-5 所示。

注意事项：

(1) 抓握时，左手位于接口后方。

(2) 人体下半身为弓步向前。

图 5-4-5 约束杆的使用

(四)盾牌

使用盾牌时,通常将盾牌调节带套于左肘弯处,左手握握把,虎口紧靠握把上端,盾牌朝自己方向倾斜约 15°,防止袭击物撞击盾牌后砸伤自己,如图 5-4-6 所示。

注意事项:

(1) 使用时,盾牌与眉心同高。

(2) 人体下半身为弓步向前。

(3) 右手顶住盾牌的上段,保持盾牌的稳定性。

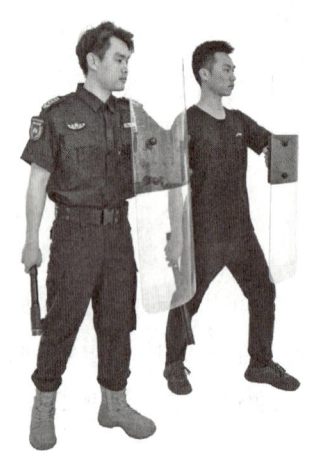

图 5-4-6 盾牌的使用

三、多人协作的处置方式

多人协作的处置方式如图 5-4-7 所示。

图 5-4-7 多人协作处置

步骤一：先由持盾牌队员先行上前阻拦目标人员的去路，右手顶住盾牌的上端，保护自身安全。

步骤二：持约束杆的队员迅速上前，叉击其胸腹部配合持盾队员将对象控制在墙面等可依靠物处，持盾队员用盾牌将对象持凶器的手顶住。

多人协作处置

步骤三：持长警棍队员在对象被控制后。用长警棍由中远距离击打对象持凶器械的手。

步骤四：持短警棍的队员绕行至对象未被控制的部位，协助其他队员对对象加以控制，控制时不可击打对象的颈部及以上部位。

任务实施　防暴器械使用训练

一、任务描述

分组练习使用防暴器械及多人协作处置方式。

二、任务指导（教师）

（1）和学生一起回顾安检安保人员防暴器械的种类、使用方法和适用情况。

（2）强调防暴器械的合法使用原则和注意事项。

（3）演示防暴器械的使用方法，并强调其应用的场合和限制。

（4）分组安排模拟训练，强调训练过程中注意安全。

三、任务操作（学生）

（1）学生学习并掌握防暴器械的种类、使用方法和适用情况。

（2）学生模拟不同的实操场景，如暴力冲突等。

（3）在教师的指导下，学生使用防暴器械进行模拟训练。

（4）训练结束后进行总结和反思，提出改进意见。

任务评价

考评任务		配分	考评指标	学生自评	小组互评	教师评定
知识准备	基础理论知识回顾	5	未掌握各类防暴器械的使用方法扣5分			
任务组成	短警棍使用训练	15	抓握动作不对扣5分；击打位置不对扣5分；使用场景不对扣5分			

(续表)

考评任务		配分	考评指标	学生自评	小组互评	教师评定
任务组成	长警棍使用训练	15	抓握动作不对扣5分；击打位置不对扣5分；使用场景不对扣5分			
	约束杆使用训练	15	抓握动作不对扣5分；叉击位置不对扣5分；使用场景不对扣5分			
	盾牌使用训练	15	抓握动作不对扣5分；盾牌防护位置不对扣5分；使用场景不对扣5分			
	多人协作流程	15	持盾牌队员处理不当扣3分；持约束杆队员处理不当扣3分；持长警棍队员处理不当扣3分；持短警棍队员处理不当扣3分；各队员沟通协作差扣3分			
实施过程中表现		10	旷课扣10分；迟到扣5分；上课睡觉扣5分			
协调合作，成果展示		10	不参与小组讨论扣5分；不在组内发言记录扣3分；不进行小组讨论总结扣2分			
总成绩（学生自评占30%，小组互评占40%，教师评定占30%）						

思考练习题

一、填空题

1. 防卫的技术基础包括_____和_____。
2. 基本的防守技术有_____和_____两种。
3. 基本的解脱技术有_____、_____和_____三种。
4. 车站内配置的防暴器械包括_____、_____、_____和_____。

二、简答题

1. 队列训练的目的是什么？
2. 安检引导手势和语言训练时有哪些注意事项？
3. 在哪些情况下需要使用防暴器械？
4. 多人协作处置的步骤是什么？

项目六

安检安保人员的法律素质培养

知识要点

1. 法的基本特征和立法原则;
2. 安检人员应具备的法律素质;
3. 城市轨道交通安检相关法律法规条文;
4. 相关国家法律基础。

学习目标

1. 知识目标:
(1) 掌握法的概念和本质;
(2) 了解法律的实施的内容及含义;
(3) 熟知城市轨道交通安检相关法律法规条文;
(4) 熟知《中华人民共和国刑法》和《中华人民共和国治安管理处罚法》规定;
(5) 了解法律素质的含义及重要性;
(6) 掌握安检安保人员的禁止行为。
2. 能力目标:
(1) 能够识别妨害和危害轨道交通公共安全的违法行为;
(2) 能够根据相应法律条文对违规行为提出处罚建议。
3. 素质目标:
(1) 提高法律意识,培养知法守法的职业素养;
(2) 树立轨道交通安检工作的责任意识和纪律意识。

城市轨道交通安检安保岗位实务

任务一 安检安保人员法律基础认知

案例引入

案例一：2016年10月中旬，在南宁地铁火车东站地铁站口，一男子没有将身上斜挎的小背包进行安检，并不顾安检人员的劝说，强行进入检票口。随后，男子被民警带回警务室调查。

按照《南宁市城市轨道交通管理条例》规定，进入轨道交通车站的乘客应当接受并配合安全检查，否则拒绝其进站乘车；拒不接受安全检查并强行进入车站或者扰乱安全检查现场秩序的，安全检查人员应当制止并报公安机关依法处理。

案例二：2016年8月23日7时30分左右，黄某在南宁地铁1号线金湖广场站过安检时，包里被查出装有3把管制刀具，其被警方处以行政拘留。据悉，乘客带手铐、催泪器上地铁等类似案例也时有发生。

按照《中华人民共和国治安管理处罚法》规定，非法携带枪支或弹药等国家规定的管制器具，进入公共场所或者公共交通工具的，处五日以上十日以下拘留，可以并处五百元以下罚款。

在上述案例中，两名乘客都违反了城市轨道交通安检相关的法律条例，按照相关规定都会受到相应的处罚。

相关理论知识

一、法的基本特征和立法原则

法是由国家制定、认可并保证实施的，即具有规范性、国家意志性、国家强制性、普遍有效性和程序性的社会规范或行为规范。法通过权利、义务来规定和调整一定的社会关系，维护一定的社会秩序。法是统治阶级意志的体现。

（一）法的基本特征

法是调整人的行为或社会关系的规范；法是由国家制定或认可，并具有普遍约束力的社会规范；法是以国家强制力保证实施的社会规范；法是规定权利和义务的社会规范。作为由国家制定的社会规范，法具有指引、评价、预测、教育和强制等规范作用。

（二）立法的基本原则

（1）立法必须以宪法为依据；

（2）立法必须从实际出发；

（3）总结实践经验与科学预见相结合；

（4）吸收、借鉴历史和国外的经验；

（5）以最大多数人的最大利益为标准，立足全局，统筹兼顾；

（6）原则性和灵活性相结合；

（7）保持法律的稳定性和连续性与及时立、改、废相结合。

二、法律实施的主要方式

法律实施的主要方式包括守法、执法和司法。

（一）守法

守法是指一切国家机关及其工作人员、政党、社会团体、企事业单位和全体公民自觉遵守法律的规定，将法律的要求转化为自己的行为，从而使法律得以实现的活动。守法是法的实现的最基本的形式。立法者制定法的目的，就是要使法在社会生活中得到实施。如果法制定出来却不能在社会生活中得到遵守和执行，那就必将失去立法的目的，也失去了法的权威和尊严。守法意味着一个国家和社会主体严格依法办事的活动和状态，而依法办事就自然包含着两层含义，一是依法享有权利并行使权利，二是依法承担义务并履行义务。

守法主要涉及守法主体、守法范围、守法内容等构成要素。

（1）守法主体是指在一个国家和社会中应当遵守法律的主体，即一定守法行为的实施者。按照宪法的规定，在我国，守法主体可以分为以下三类：

① 一切国家机关、武装力量、政党、社会团体、企业事业组织。

② 中华人民共和国公民。

③ 在我国领域内的外国组织、外国人和无国籍人。

（2）守法范围是指守法主体必须遵守的行为规范的种类。在我国，守法范围主要是各种制定法，包括我国的宪法、法律、行政法规、部门规章、地方性法规、地方政府规章、民族自治地方的自治条例和单行条例、特别行政区法、经济特区的规范性法律文件等。

（3）守法内容包括履行法律义务和行使法律权利，二者密切联系，不可分割，守法是履行法律义务和行使法律权利的有机统一。

(二) 执法

执法，亦称法律执行，是指国家行政机关依照法定职权和法定程序，行使行政管理职权、履行职责、贯彻和实施法律的活动。

(三) 司法

司法指国家司法机关根据法定职权和法定程序，具体应用法律处理案件的专门活动。

三、《中华人民共和国刑法》有关规定

(一) 犯罪

《中华人民共和国刑法》是为了惩罚犯罪，保护人民，根据《中华人民共和国宪法》，结合我国违法犯罪作斗争的具体经验及实际情况制定的法律。

1. 犯罪的定义

《中华人民共和国刑法》第十三条规定："一切危害国家主权、领土完整和安全，分裂国家、颠覆人民民主专政的政权和推翻社会主义制度，破坏社会秩序和经济秩序，侵犯国有财产或者劳动群众集体所有的财产，侵犯公民私人所有的财产，侵犯公民的人身权利、民主权利和其他权利，以及其他危害社会的行为，依照法律应当受刑罚处罚的，都是犯罪，但是情节显著轻微危害不大的，不认为是犯罪。"

2. 犯罪成立的条件

(1) 犯罪构成的概念。犯罪构成，指刑法所规定的、构成犯罪所必须具备的各种条件的统一体，是认定犯罪的规格和标准。简单地说，犯罪构成就是犯罪成立的规格。

(2) 犯罪构成的共同要件。任何犯罪的构成都必须具备以下四个方面的共同要件：犯罪客体、犯罪客观要件、犯罪主体、犯罪主观要件。

犯罪构成四个方面的共同要件是互相联系、不可分割的整体。一切犯罪构成都必须同时具备这四个方面的要件，缺少了其中的任何一个方面，行为就不能构成犯罪，行为人就不应负刑事责任。

(二) 正当防卫

1. 正当防卫的定义

《中华人民共和国刑法》第二十条规定："为了使国家、公共利益、本人或者他人的人身、财产和其他权利免受正在进行的不法侵害，而采取的制止不法侵害的行为，对不法侵害人造成损害的，属于正当防卫，不负刑事责任。"

正当防卫是国家赋予公民在特定条件下的一项合法权利，同时也是公民道义上的

义务。刑法规定正当防卫的社会意义和法律意义，旨在鼓励和保护公民在合法权益遭到不法侵害时，及时、有效地同违法犯罪行为做斗争，有利于制止和减少犯罪，维护社会治安秩序，巩固社会主义法制。这正是正当防卫不负刑事责任的根本原因。

2. 正当防卫构成的条件

正当防卫的成立，必须同时具备五个条件。

（1）目的条件：必须是为了保护合法权益免受不法侵害。

（2）起因条件：必须针对不法侵害行为。

（3）时机条件：必须针对正在进行的不法侵害。所谓正在进行的不法侵害行为，指客观上实际存在的、正处于实行中的不法侵害行为。

（4）对象条件：必须针对不法侵害者本人。

（5）限度条件：正当防卫不能明显超过必要限度，造成重大损害。

（三）紧急避险与公共安全

公共安全危机发生以后，紧急避险是每一个人的本能需求。

1. 紧急避险的定义

《中华人民共和国刑法》第二十一条规定："为了使国家、公共利益、本人或者他人的人身、财产和其他权利免受正在发生的危险，不得已采取的紧急避险行为，造成损害的，不负刑事责任。"紧急避险超过必要限度造成不应有的损害的，应当负刑事责任，但是应当减轻或者免除处罚。紧急避险是为了法律所保护的权益免遭正在发生的危险，在不得已的情况下，采取损害另一个较小的合法利益的方式以保护较大的合法利益免遭损害的行为。

2. 紧急避险造成的损害

紧急避险是在已经发生了损害公共利益、本人或者他人的合法权益的情况下采取的一种行为，实际上也造成了一定的损害结果的发生，为什么仍然不负刑事责任呢？因为当公共利益、个人利益面临紧急危险时，在别无他法的情况下不得已而只能对两个相互冲突的利益进行比较，以牺牲较小的利益来保全更大的利益。从主观故意上看，行为人是在迫不得已、别无选择的情况下，为了保全更大的利益而做出的行为，不是故意危害社会。从客观上看，行为人紧急避险行为虽然造成了较小利益损害，但在整体上是保全了更大的利益免遭损害，有益于社会秩序的安全和稳定，是不应承担刑事责任的行为，还应受到鼓励和支持。

3. 紧急避险的条件

紧急避险在实施时必须具备下列四个条件。

（1）遭受危险。必须是公共利益、本人或者他人的合法权益正在遭受危险。

（2）迫不得已。行为人必须是在迫不得已的情况下进行的行为。

(3) 避免危害。必须是为了避免更大的合法权益遭受危害。

(4) 不越限度。紧急避险行为不能超过必要的限度，以免造成不应有的危害发生。

一般来说，人身权益大于财产权益，但是不允许为了保护一个人的健康而牺牲另一个人的生命，也不允许牺牲他人的生命来保全自己的生命。公共利益高于个人利益，当公共利益与个人利益难以两全时（除了为保全生命外），首先要保全的是公共利益。

四、《中华人民共和国治安管理处罚法》有关规定

（一）违反治安管理的行为

1. 违反治安管理行为的含义

违反治安管理行为是指违反国家法律、法规，对国家、集体、公民造成危害或可能造成危害，尚不够刑事处罚，依照治安管理法律规定应当处罚的行为。

《治安管理处罚法》第二条规定："扰乱社会秩序，妨害公共安全，侵犯人身权利、产权利，妨害社会管理，具有社会危害性，依照《中华人民共和国刑法》的规定构成犯罪的，依法追究刑事责任；尚不够刑事处罚的，由公安机关依照本法给予治安管理处罚。"这一规定不仅揭示了违反治安管理行为的含义，而且也将违反治安管理行为与犯罪行为、其他行政违法行为、民事违法行为和违反社会道德规范的行为区别开来，是正确认定违反治安管理行为的法律依据。违反治安管理行为属于治安行政违法行为，由公安机关在法定职权范围内依照法定程序进行认定并实施治安处罚。治安处罚必须符合行政法的基本原则。

2. 违反治安管理行为的特征

为了正确认定违反治安管理的行为，实施治安管理处罚，必须认清违反治安管理行为与犯罪行为、其他违法行为的不同，充分认识和认真研究违反治安管理行为必须具备的基本特征。

(1) 具有一定的社会危害性

社会危害性是违反治安管理行为最基本的特征，也是公安机关认定某种行为是否属于违反治安管理行为的基础和前提条件。所谓社会危害性，是指行为对治安管理法律法规所保护的国家和公民的利益已经造成或者可能造成损害。社会危害性这一特征包含三层含义：首先，违反治安管理行为必须是一种以作为或不作为等形式表现出来的行为，任何思想如果未表现为外部的行为，就不可能构成违反治安管理行为；其次，构成违反治安管理行为必须是具有一定社会危害性的行为，不具有社会危害性的行为不能构成违反治安管理行为；最后，社会危害性的形式表现为已经造成或者可能造成危害社会的结果。危害结果既可以是物质的损害结果，也可以是非物质的损害结果。具有社会危害性的违反治安管理行为要求主客观相一致，即行为人实施违反治安管理

行为时在主观上必须有过错，没有过错实施的行为，即使造成一定的损害，行为人也不承担治安处罚的法律责任。

违反治安管理行为是具有社会危害性的行为，但是，并不是所有具有社会危害性的行为都是违反治安管理行为。如犯罪行为、其他行政违法行为和民事违法行为也是具有社会危害性的行为，但是它们违反的规范性法律文件不同，其社会危害性的程度也不一样。因此，要正确区分违反治安管理行为与犯罪行为、其他违法行为的不同。

（2）具有治安行政违法性

治安行政违法性是指行为具有违反治安管理法律法规规定的性质，是评价违反治安管理行为的法律特征。其含义包括两方面：

第一，行为人实施了治安管理法律法规所禁止的行为。

第二，治安管理法律法规已将行为明确规定为违反治安管理的行为。违反治安管理的行为不仅具有一定的社会危害性，而且必须为治安管理法律法规所禁止，明确规定为违反治安管理的行为。

（3）尚不够刑事处罚

这是违反治安管理行为区别于刑事犯罪行为的特征。《中华人民共和国刑法》第十三条"但书"（"但书"指法律条文中"但"或"但是"以下的部分，指出本条文的例外限制，是一种句法模式）规定，情节显著轻微危害不大，不认为是犯罪的行为中有相当一部分涉及违反《中华人民共和国治安管理处罚法》，应当按照《中华人民共和国治安管理处罚法》定性处罚。如扰乱公共秩序、妨害公共安全、侵犯公民人身权利和财产权利、妨害社会管理，具有社会危害性，构成犯罪的，依法追究刑事责任；尚不够刑事处罚的，应当作为违反治安管理行为，依法给予治安处罚。某些违反治安管理行为在外在的表现形态上可能与《中华人民共和国刑法》规定的犯罪行为相同或者相似，但它们在情节和程度上有很大的差别，因此要正确区分，防止在工作中造成偏差。

（4）具有应受治安管理处罚性

违反治安管理行为是应当受到治安管理处罚的行为，即具有应受治安管理处罚性。当然也有例外情形，如《中华人民共和国治安管理处罚法》第九条规定的调解。只有违反《中华人民共和国治安管理处罚法》或者其他有关治安管理的法律法规，应当给予治安管理处罚的危害社会、尚不够刑事处罚的行为，才是违反治安管理行为。

（二）治安管理处罚的种类

1. 警告

警告是公安机关对违反治安管理行为人的谴责和告诫。它既有教育性质又有强制性质，是最轻的一种治安管理处罚。警告处罚是一种申诫罚，它的特点在于对违反治安管理行为人声誉的惩戒，虽然它不直接剥夺违法者的实体权利，但对违法者的实体

权利有一定影响。因为名誉、荣誉等属于人身权的范畴，也是公民、法人或其他组织的实体权利。权利的派生利益也是处罚的重要内容，这种利益既包括已经获得的利益和可能期待获得的利益，也包括物质利益和精神利益。所以，警告处罚对违法者的实体权利有着一定的影响。

警告处罚的目的是通过对违反治安管理行为人精神上的惩戒，来表明其有违法行为，使其在思想上引起注意和警戒。与行政纪律处分的警告不同，警告处罚具有法律的强制性，被处罚人必须接受。

2. 罚款

罚款是公安机关依法责令违反治安管理行为人在一定期限内向国家缴纳一定数量金钱的治安管理处罚。罚款属于财产罚，这是一种经济性的处罚，使违法者遭受经济损失，从而达到惩戒、制裁的目的。罚款不影响行为人的人身自由，是治安管理处罚中最灵活的一种。

根据《中华人民共和国治安管理处罚法》第九十一条规定，治安管理处罚由县级以上人民政府公安机关决定，但公安派出所只能决定警告或五百元以下的罚款。在适用当场处罚时，公安人员可以直接决定二百元以下的罚款，对于超过二百元罚款的治安处罚应当按照普通程序进行。

3. 行政拘留

行政拘留是公安机关对违反治安管理行为人，依法在一定时间内剥夺其人身自由的一种治安管理处罚，是治安管理处罚中最重、最严厉的一种。拘留可以与罚款并处，但不能与警告并处。

行政拘留的期限为一日以上十五日以下，合并执行的最长期限不超过二十日。《中华人民共和国治安管理处罚法》对行政拘留的期限幅度分别做了规定，共分为3个档次：五日以下；五日以上十日以下；十日以上十五日以下。

4. 吊销公安机关发放的许可证

吊销公安机关发放的许可证是指公安机关依法收回违反治安管理行为人已获得的从事某项活动的权利或者资格的证书，从而禁止相对人从事种特种权利或者资格的治安管理处罚。

（三）具体违反治安管理行为的认定与处罚

1. 殴打他人或者故意伤害他人身体行为的认定与处罚

（1）殴打他人或者故意伤害他人身体行为的认定

① 行为的主体是达到责任年龄，具有责任能力的自然人。行为侵犯的客体是他人的身体健康权。所谓身体健康，是指人体生理功能正常，没有缺陷和疾病。人的身体健康一旦受到非法侵犯，轻者肉体暂时疼痛，重者致伤、致残，甚至致人死亡。因此，人的

身体健康是最基本的人身权利，只有在人身健康不受侵犯的条件下，才能享受其他权利。

② 行为的客观方面表现为殴打他人或者故意伤害他人身体。第一，殴打他人，是指行为人公然实施的损害他人身体健康的行为。行为的方式一般是利用刀、枪、棍、棒等器械或工具，或者使用自己的口、手、脚等器官殴打他人。只要有证据证明行为人实施了殴打他人的行为，不论其是否造成他人受伤，即应当予以治安管理处罚。第二，故意伤害他人身体，是指以殴打以外的其他方式故意伤害他人的行为，如使用电击、放射性物质、激光等方法实施伤害。只要有证据证明行为人故意实施了故意伤害他人身体的行为，不论其是否造成他人受伤，即应当予以治安管理处罚。

(2) 殴打他人或者故意伤害他人身体行为的处罚

《中华人民共和国治安管理处罚法》第四十三条规定："殴打他人的或者故意伤害他人身体的，处五日以上十日以下拘留，并处二百元以上五百元以下罚款；情节较轻的，处五日以下拘留或者五百元以下罚款。有下列情形之一的，处十日以上十五日以下拘留，并处五百元以上一千元以下罚款：（一）结伙殴打、伤害他人的；（二）殴打、伤害残疾人、孕妇、不满十四周岁的人或者六十周岁以上的人的；（三）多次殴打、伤害他人或者一次殴打、伤害多人的。"

2. 非法限制人身自由行为的认定与处罚

非法限制人身自由行为是指非法限制他人人身自由，情节轻微，尚不够刑事处罚的行为。

(1) 非法限制人身自由行为的认定

① 行为的侵犯客体是他人的人身自由权利。《中华人民共和国宪法》规定："中华人民共和国公民的人身自由不受侵犯。""禁止非法拘禁和以其他方法非法剥夺或限制公民的人身自由，禁止非法搜查公民的身体。"因此，非法限制他人人身自由是一种侵犯公民人身自由权利的行为。这也是此种行为同其他侵犯公民人身权利行为相区别的本质特征。

② 行为的客观方面表现为非法限制他人人身自由、情节轻微、尚不够刑事处罚。第一，要明确限制他人人身自由的行为必须是非法的，即为法律所禁止的。我国法律规定，批准或决定逮捕的权利属于人民检察院和人民法院；执行逮捕、刑事拘留、行政拘留、强制传唤、强制询问的权利属于公安机关和国家安全机关。除此以外，其他任何机关、团体、单位、个人都没有权利行使上述职权。第二，要明确非法限制他人人身自由的行为方式，其主要表现是：限制他人在一定区域内活动、居住；限制参加一定的社会活动；限制外出活动；或者规定其对自己的行动情况要及时报告等。

③ 行为的主观方面必须是故意，过失限制他人人身自由则不构成违反治安管理行为。

(2) 非法限制人身自由行为的处罚

《中华人民共和国治安管理处罚法》第四十条规定："非法限制他人人身自由的，处十日以上十五日以下拘留，并处五百元以上一千元以下罚款；情节较轻的，处五日以上十日以下拘留，并处二百元以上五百元以下罚款。"

3. 非法搜查他人身体行为的认定与处罚

非法搜查他人身体行为是指行为人未经法律授权或者违反法定程序规定搜查他人身体，情节轻微，尚不够刑事处罚的行为。

(1) 非法搜查他人身体行为的认定

① 行为的主体是达到责任年龄，具有责任能力的自然人，单位可以构成本行为的主体。

② 行为侵犯的客体是公民的人身自由权利。侵犯的对象是公民的人身。行为的客观方面表现为未经法律授权或者违反法定程序规定搜查他人身体。非法搜查是指无权搜查的机关、团体、单位的工作人员或者个人对他人的身体进行搜查。

(2) 非法搜查他人身体行为的处罚

《中华人民共和国治安管理处罚法》第四十条规定："非法搜查他人身体的，处十日以上十五日以下拘留，并处五百元以上一千元以下罚款；情节较轻的，处五日以上十日以下拘留，并处二百元以上五百元以下罚款。"

4. 胁迫、诱骗或者利用他人乞讨行为的认定与处罚

(1) 胁迫、诱骗或者利用他人乞讨行为的认定

① 行为的主体是达到责任年龄，具有责任能力的自然人。本行为侵犯的客体是他人的人身权利。

② 行为在客观方面表现为胁迫、诱骗或者利用他人乞讨，主要是胁迫、诱骗或者利用残疾人、未成年人或老年人等进行乞讨或者变相乞讨。利用他人乞讨，是指行为人使用各种手段让他人自愿地按其要求进行乞讨的行为，包括租借或者其他形式。

(2) 胁迫、诱骗或者利用他人乞讨行为的处罚

《中华人民共和国治安管理处罚法》第四十一条规定："胁迫、诱骗或者利用他人乞讨的，处十日以上十五日以下拘留，可以并处一千元以下罚款。"在处罚时，要注意处罚的对象是胁迫、诱骗或者利用者，而不是乞讨者。

5. 侮辱、诽谤行为的认定与处罚

侮辱、诽谤行为，是指公然侮辱他人或者捏造事实诽谤他人，使对方人格或名誉受到损害，尚不够刑事处罚的行为。

(1) 侮辱、诽谤行为的认定

① 行为所侵犯的客体是他人的人格和名誉权利。

② 行为的客观方面表现为公然侮辱、诽谤他人，尚不够刑事处罚。所谓侮辱，是指用暴力或者其他方法，贬低他人的人格，破坏他人的声誉。侮辱的主要表现形式是暴力侮辱、口头侮辱和文字侮辱。所谓诽谤，是指捏造足以损害他人人格和名誉的事实并加以散布。

③ 行为的主观方面必须是故意。一般均具有侮辱、诽谤他人的个人目的。如果行为人出于过失的失言或者误传了某些虚假的事实而损害了他人的人格和名誉，则不构成侮辱、诽谤等违反治安管理行为。

(2) 侮辱、诽谤行为的处罚

《中华人民共和国治安管理处罚法》第四十二条规定："公然侮辱他人或者捏造事实诽谤他人的，处五日以下拘留或者五百元以下罚款；情节较重的，处五日以上十日以下拘留，可以并处五百元以下罚款。"

6. 发送信息干扰他人正常生活行为的认定与处罚

(1) 发送信息干扰他人正常生活行为的认定

① 行为的主体是达到责任年龄，具有责任能力的自然人。单位不能构成本行为的主体。本行为侵犯的客体是公民的正常生活秩序和人格权。

② 行为的客观方面表现为多次通过信件、电话、计算机信息网络等途径传送淫秽、侮辱、恐吓或者其他骚扰信息，干扰他人正常生活。计算机信息网络包括国际互联网和局域网。本行为必须是多次，即实施 3 次以上的，才应予以治安管理处罚。

③ 行为人在主观上必须是出于故意，行为人的动机可能多种多样，但不影响行为的成立。

(2) 发送信息干扰他人正常生活行为的处罚

《中华人民共和国治安管理处罚法》第四十二条规定："多次发送淫秽、侮辱、恐吓或者其他信息，干扰他人正常生活的，处五日以下拘留或者五百元以下罚款；情节较重的，处五日以上十日以下拘留，可以并处五百元以下罚款。"

7. 侵犯他人隐私行为的认定与处罚

(1) 侵犯他人隐私行为的认定

① 行为的主体是达到责任年龄，具有责任能力的自然人。单位不能构成本行为的主体。本行为侵犯的客体是公民的人格权，直接客体是隐私权。

② 行为的客观方面表现为偷窥、偷拍、窃听、散布他人隐私。所谓隐私，是指不愿意让他人知道的，属于个人的生活秘密。

(2) 侵犯他人隐私行为的处罚

《中华人民共和国治安管理处罚法》第四十二条规定："偷窥、偷拍、窃听、散布他人隐私的，处五日以下拘留或者五百元以下罚款；情节较重的，处五日以上十日以下拘留，可以并处五百元以下罚款。"

8. 威胁他人人身安全行为的认定与处罚

（1）威胁他人人身安全行为的认定

① 行为的主体是达到责任年龄，具有责任能力的自然人。行为侵犯的客体是他人的人身安全，行为侵犯的对象是公民个人。

② 客观方面表现为写恐吓信或者用其他方法威胁他人的生命、健康，尚不够刑事处罚的。所谓的"其他方法"多种多样，如当面以言语恐吓、打恐吓电话、由他人传话进行恐吓等。

③ 行为的主观方面是出于故意，其动机具有多样性，有的是出于报复，有的是通过威胁他人以得到某种物质利益等，但是在主观上都是故意威胁他人的人身安全。如果行为人通过威胁获得了财物，则构成了敲诈勒索的行为。

（2）威胁他人人身安全行为的处罚

《中华人民共和国治安管理处罚法》第四十二条规定："写恐吓信或者以其他方法威胁他人人身安全的，处五日以下拘留或者五百元以下罚款；情节较重的，处五日以上十日以下拘留，可以并处五百元以下罚款。"

任务实施　案例分析

一、任务描述

阅读案例材料，并回答文后提出的问题。

案例： 2019年7月，广州地铁一名男子在地铁内吸烟被工作人员发现并劝阻，但该男子却拒不听从，并开始恶言相向。后来，该男子因为辱骂地铁工作人员，被警方带离地铁站。

阅读完上述案例材料后，请回答以下问题：

（1）案例中该男子有哪些不正确的行为？

（2）案例中该男子的行为违反了《中华人民共和国治安管理处罚法》中的哪些规定？

二、任务指导（教师）

（1）确定案例分析的目的，明确任务要求。

（2）为学生提供相关课程资料和背景知识，如中国《控制吸烟条例》和《治安管理处罚法》。

(3) 引导学生讨论案例中出现的问题和违法行为，梳理相关法律规定。
(4) 解释行政拘留的意义与程序，并引导学生思考出合理的处罚方案。
(5) 给予学生相应辅导和指导，以确保任务完成质量。

三、任务操作（学生）

(1) 回顾《中华人民共和国治安管理处罚法》的相关条例。
(2) 分析案例中违反治安管理处罚有关规定的行为。
(3) 理解行政拘留的概念和程序，并针对该案例提出处罚建议。
(4) 以小组或个人形式完成相应的讨论和分析报告，并向全班做汇报，强化对该案例的理解。

任务评价

考评任务		配分	考评指标	学生自评	小组互评	教师评定
知识准备	基础理论知识回顾	10	未掌握《中华人民共和国刑法》有关规定扣5分；未掌握《中华人民共和国治安管理处罚法》有关规定扣5分			
任务组成	案例讨论分析	30	未能正确全面分析乘客不正确的行为扣15分（分析不全视情况扣1～15分，扣完为止）；未能正确分析乘客违反的相关条例扣15分（分析不全视情况扣1～15分，扣完为止）			
	信息汇总	20	讨论没有涵盖案例中的所有关键信息，有遗漏扣5分；没有对案例进行全面的分析，考虑因素单一扣5分；针对每个问题不能给出正确的处理措施扣5分；分析过程不专业，未融入专业技能知识扣5分			
	任务汇报	10	汇报内容不完整扣1～5分；汇报内容不准确扣5分			
		10	汇报成员仪态礼仪不标准扣1～5分；语言表达能力欠缺扣1～5分			
实施过程中表现		10	旷课扣10分；迟到扣5分；上课睡觉扣5分			
协调合作，成果展示		10	不参与小组讨论扣5分；不在组内发言记录扣3分；不进行小组讨论总结扣2分			
总成绩（学生自评占30%，小组互评占40%，教师评定占30%）						

城市轨道交通安检安保岗位实务

任务二 安检安保人员法律素质培养

案例引入

2020年6月28日16时47分许,乘客黎某某(男,55岁)携带单肩包从上海轨道交通9号线肇嘉浜路站进站时未主动将包放入安检机检查,被安检人员拦截。双方在开包检查的过程中发生口角并引发肢体冲突。涉事安检人员被停职。

安检相关法律法规规定和规范了乘客的行为,同时安检安保人员在工作过程中同样要注意自己的行为举止,具备良好的法律素质。

相关理论知识

一、安检安保人员法律素质的体现

安检安保人员的法律素质是指安检安保人员在法律意识、法治观念、法律知识水平、守法状况等方面应具备的品质。

由于安检安保人员不属于国家的执法人员,对其法律素质的要求主要体现在法律意识和知法、守法的水平上。安检安保人员的法律意识、法治观念是其法律素质的重要体现。法律意识越强,其学法和守法的自觉性就越高,法律素质也就越好。安检安保人员的法律意识与法律知识水平有关,也与一定的社会文化背景密切相关。安检安保人员的守法状况是法律素质中的行为表现,集中地反映了安检安保人员法律素质的高低。因此,守法状况既是衡量安检安保人员法律素质的标准,又是其法律意识、法律知识水平的最终体现。例如,有的安检安保人员由于不懂法,而对乘客进行非法搜身、非法拘留;也有安检安保人员由于法律意识淡薄,违反安检工作的流程,侵犯了乘客的利益,这些现象都是法律素质不高的表现。

安检安保人员的法律素质是安检安保人员依法服务的基础。只有具备较高的法律素质,才能提高服务质量,树立良好的企业形象。

在工作中,有的安检安保人员往往习惯于按上级的指示办事,重权力意志,重人

情关系，而轻视了国家法律，这就容易导致知法犯法或不知法而违法的现象发生。因此，应当加强对安检安保人员的法制教育，通过定期或不定期的法律知识岗位培训，提高安检安保人员的法律意识。这种教育培训对安检安保人员学习掌握法律知识，严格依法办事，具有较大的促进作用。

二、安检安保人员法律素质的重要性

安检安保人员在履行职责时必须坚持依法服务的原则，按照国家宪法和法律、法规的要求进行服务。因此，安检安保人员在服务范围、职责的划分、安检器械的携带和使用等方面，都必须符合国家的法律规定。

安检服务质量是城市轨道交通运营企业发展的生命线，没有好的服务质量，企业就难以生存和发展，而高质量的服务有赖于高素质的安检队伍。

对于安检安保人员自身来说，具备较高的法律素质具有重要的意义。首先，个人掌握了法律知识，懂得了什么行为是法律允许的，什么行为是法律不允许的，就能做到不违法、不犯罪，使自己的利益能够在法律允许的范围内得以维护。其次，如果安检安保人员自身的法律意识较强，就会自觉地拿起法律武器，捍卫自己的权利；反之，如果法律意识淡薄，不知法、不懂法，安检安保人员即使受到不法分子的侵害，也不懂得保障自己的合法权益。

三、安检安保人员的禁止行为

（一）限制他人人身自由、搜查他人身体

限制他人人身自由是指以拘押、禁闭或者以其他强制方法在一段时间内将公民强制约束在一定的空间不准其自由行动、不准其对外联络的一种临时剥夺其人身自由的行为。根据我国有关法律的规定，对公民人身自由的限制，只能由公安机关、人民检察院、人民法院等司法机关在法定权限内实施。非法限制他人人身自由是指无权实施限制他人人身自由行为的单位和个人，以及有权实施限制他人人身自由行为的法定机关超越职权、违反程序、超过法定时限限制他人人身自由的行为。安检安保人员在提供安检服务过程中，不得以任何理由限制或变相限制他人人身自由。如果发现嫌疑人有违法犯罪嫌疑，可以报警，由公安机关依法查处。如果发现是正在实施违法犯罪的嫌疑人，则可以依法将其扭送公安机关。

根据《中华人民共和国刑事诉讼法》的规定，搜查是指侦查人员对犯罪嫌疑人，以及其他可能隐藏罪犯或者可作为证据的人身、物品、住处和其他地方进行搜索、检查的一种侦查行为。其目的在于收集犯罪证据，查获犯罪人。搜查应由人民检察院的有关负责人批准，由侦查人员执行。安检安保人员在提供安检服务过程中，在任何时

候不得以任何理由、任何形式对他人身体实施搜查。

(二) 侮辱、殴打他人

侮辱、殴打他人都是严重侵害他人人身权利的行为，侵犯的是他人的人格尊严权和名誉权。人格尊严权和名誉权是公民的基本人身权利，受宪法保护。侮辱是指通过一定的言行使对方人格或名誉受到损害，蒙受耻辱。殴打是指以击打、捆绑等暴力手段施加于他人的行为。在提供安检服务过程中，无论是安检从业单位或安检安保人员自作主张侮辱、殴打他人的，还是应客户要求、受客户指使侮辱、殴打他人的行为，都是严格禁止的。

(三) 扣押、没收他人证件、财物

扣押是指侦查机关或法定的行政机关依法强行扣留与案件有关的物品、证件、文件的一种侦查措施和行政强制措施。没收是指行政执法主体依法将行政相对人违法所得收归国有的制裁形式。扣押、没收都是法定机关的执法行为。安检从业单位及安检安保人员在提供安检服务过程中，不得扣押、没收他人的任何证件和财物。

(四) 阻碍执行公务

阻碍执行公务是指以暴力、威胁或者其他手段，阻碍国家工作人员依法执行公务的行为。安检安保人员不得自行或受单位的指使，对于到地铁站点执行安全检查、卫生检查、质量检查等公务活动的公务人员进行阻扰或设置障碍，变相阻扰、妨碍依法执行公务。

(五) 采用暴力或者以暴力相威胁的手段处置纠纷

纠纷是指当事人之间因语言不和、观点不同、利益冲突等引起的争吵、厮打等行为。暴力是指通过施加力量致其他人身体受损的行为。暴力的形式有击打、捆绑、冻饿、电击、刀刺、强光照射、非法拘禁等。以暴力相威胁是指行为人以施加暴力为威胁，强迫对方接受某种条件。对于一般的纠纷，安检安保人员可以在当事人自愿的情况下进行调解，而不能通过暴力或以暴力相威胁等手段强行胁迫当事人接受调解。

(六) 删改或者扩散监控影像资料、报警记录

监控设备与系统在使用过程中形成的监控影像资料和报警记录，是及时排查、解决监控区域的纠纷，查破各种治安、刑事案件的原始资料。这些监控影像资料有可能涉及国家秘密、商业秘密或个人隐私，涉及公共利益或客户的合法利益，因此安检从业单位及安检安保人员不得随意复制、播放、传播、查阅监控影像资料，也不得提供给无关人员观看，不得私自向媒体提供，更不得通过网络等途径对外扩散。

（七）侵犯个人隐私，泄露涉密信息

隐私是指不愿告人的或不愿公开的个人事务。个人隐私受法律保护。安检安保人员在工作中要注意保护他人隐私，不得随意谈论和泄露他人情况，不得私自拆看他人信件，不得随意进入他人的私人领域，未经他人许可不得介入其私人事务。

涉密信息是指安检安保人员在安检服务过程中涉及的国家秘密、商业秘密、企业信息以及单位明确要求保密的事项。安检安保人员在安检服务过程中对涉密信息要按照有关保密规定，严守秘密，不得泄露给不应知悉的人员，不得将涉密信息公布于众，同时还要防止他人窃密。

任务实施　案例分析

一、任务描述

阅读案例材料，并回答文后提出的问题。

案例：某地铁站一名女乘客在经过安检时被安检人员质疑携带违禁物品，但乘客否认并请求重新过安检。安检人员未能找到违禁物品后，情绪激动并用手掌推搡该名女乘客，并对其进行辱骂。该事件视频在社交媒体上传播后，引起了广泛的关注和谴责。该地铁公司随后发布声明，谴责安检人员行为，并表示将对事件进行调查处理。

阅读完上述案例材料后，请回答以下问题：

（1）上述案例中安检人员有哪些错误的行为？

（2）安检人员正确的处置措施应该是什么？

二、任务指导（教师）

（1）指导学生进行案例分析，组织学生分组进行讨论。

（2）指导学生模拟该情境，引导学生正确处理该事件及类似事件。

（3）引导学生养成良好的职业素养。

三、任务操作（学生）

（1）学生进行案例阅读及分析。

（2）学生按照要求讨论上述问题，并做记录。

（3）学生按照要求模拟演练该案例情境。

（4）各小组选派代表对讨论结果进行汇报。

任务评价

考评任务		配分	考评指标	学生自评	小组互评	教师评定
知识准备	基础理论知识回顾	5	未掌握安检人员的禁止行为扣5分			
任务组成	案例讨论分析	30	未能分析安检人员的错误行为扣15分（分析不全视情况扣1~15分，扣完为止）；未能给出安检人员正确的处理措施扣15分（给出的措施不全视情况扣1~15分，扣完为止）			
	任务汇报	10	汇报内容不完整扣1~5分；汇报内容不准确扣5分			
		10	汇报成员仪态礼仪不标准扣1~5分；语言表达能力欠缺扣1~5分			
	情境演练	25	安检岗位专业技能不熟练扣10分；不能快速应对问题扣5分；小组成员不协作扣5分；语言表达不清楚扣5分			
实施过程中表现		10	旷课扣10分；迟到扣5分；上课睡觉扣5分			
协调合作，成果展示		10	不参与小组讨论扣5分；不在组内发言记录扣3分；不进行小组讨论总结扣2分			

总成绩（学生自评占30%，小组互评占40%，教师评定占30%）

任务三 安检安保人员法律条文应用

案例引入

一名女乘客在经过安检时，由于其包中有长条状疑似危险品的物件，于是安检人员要求对她的背包，进行开包检查。然而女子只是敷衍地开了一下包，就想走了。安检人员随后将其拦住，要求其按规定检查。该女子仍拒绝安检，强行进站，并手指着安检人员称"不要狂""你是服务行业"之类，还扬言："微博见！"民警到达现场后，双方互相争执起来。据悉，该女乘客已被依法处以行政拘留。该乘客违反了《中华人民共和国治安管理处罚法》的第二条，按照该条文要追究其相应的责任。

安检工作是一项政策性很强的工作，处理问题需要有法律依据，不能随心所欲，更不能感情用事。安检法律法规的制定，使安检工作有法可依，有章可循。安检法律法规是国家机关制定，以国家权力为基础，凭借国家机关的强制力来保证实施的行为规则，对所有人员都有法律效力和约束力。安检法律法规属于业务工作规则，就安检专业工作规定了工作范围、方针原则、处罚处置的管理措施等，具有较强的专业性。

相关理论知识

一、《中华人民共和国刑法》中的相关条款

第一百一十五条 放火、决水、爆炸、投毒或者以其他危险方法致人重伤、死亡或者使公私财产遭受重大损失的，处十年以上有期徒刑、无期徒刑或者死刑。过失犯前款罪的，处三年以上七年以下有期徒刑；情节较轻的，处三年以下有期徒刑或者拘役。

第一百一十六条 破坏火车、汽车、电车、船只、航空器，足以使火车、汽车、电车、船只、航空器发生倾覆、毁坏危险，尚未造成严重后果的，处三年以上十年以下有期徒刑。

第一百一十七条 破坏轨道、桥梁、隧道、公路、机场、航道、灯塔、标志或者进行其他破坏活动，足以使火车、汽车、电车、船只、航空器发生倾覆、毁坏危险，尚未造成严重后果的，处三年以上十年以下有期徒刑。

第一百一十九条 破坏交通工具、交通设施、电力设备、燃气设备、易燃易爆设备，造成严重后果的，处十年以上有期徒刑、无期徒刑或者死刑。过失犯前款罪的，处三年以上七年以下有期徒刑；情节较轻的，处三年以下有期徒刑或者拘役。

第一百二十条 组织、领导和积极参加恐怖活动组织的，处三年以上十年以下有期徒刑；其他参加的，处三年以下有期徒刑、拘役或者管制；犯前款罪并实施杀人、爆炸、绑架等犯罪的，依照数罪并罚的规定处罚。

第一百二十五条 非法制造、买卖、运输、邮寄、储存枪支、弹药、爆炸物的，处三年以上十年以下有期徒刑；情节严重的，处十年以上有期徒刑、无期徒刑或者死刑。

第一百三十条 非法携带枪支、弹药、管制刀具或者爆炸性、易燃性、放射性、毒害性、腐蚀性物品，进入公共场所或者公共交通工具，危及公共安全，情节严重的，处三年以下有期徒刑、拘役或者管制。

第二百九十一条 聚众扰乱车站、码头、民用航空站、商场、公园、影剧院、展览会、运动场或者其他公共场所秩序，聚众堵塞交通或者破坏交通秩序，抗拒、阻碍

国家治安管理工作人员依法执行职务，情节严重的，对首要分子，处五年以下有期徒刑、拘役或者管制。

二、《中华人民共和国治安管理处罚法》中的相关条款

第二条 扰乱公共秩序，妨害公共安全，侵犯人身权利、财产权利，妨害社会管理，具有社会危害性，依照《中华人民共和国刑法》的规定构成犯罪的，依法追究刑事责任；尚不够刑事处罚的，由公安机关依照本法给予治安管理处罚。

第二十三条 有下列行为之一的，处警告或者二百元以下罚款；情节较重的，处五日以上十日以下拘留，可以并处五百元以下罚款：

（一）扰乱机关、团体、企业、事业单位秩序，致使工作、生产、营业、医疗、教学、科研不能正常进行，尚未造成严重损失的；

（二）扰乱车站、港口、码头、机场、商场、公园、展览馆或者其他公共场所秩序的；

（三）扰乱公共汽车、电车、火车、船舶、航空器或者其他公共交通工具上的秩序的；

（四）非法拦截或者强登、扒乘机动车、船舶、航空器以及其他交通工具，影响交通工具正常行驶的；

（五）破坏依法进行的选举秩序的。聚众实施前款行为的，对首要分子处十日以上十五日以下拘留，可以并处一千元以下罚款。

第二十五条 有下列行为之一的，处五日以上十日以下拘留，可以并处五百元以下罚款；情节较轻的，处五日以下拘留或者五百元以下罚款：

（一）散布谣言，谎报险情、疫情、警情或者以其他方法故意扰乱公共秩序的；

（二）投放虚假的爆炸性、毒害性、放射性、腐蚀性物质或者传染病病原体等危险物质扰乱公共秩序的；

（三）扬言实施放火、爆炸、投放危险物质扰乱公共秩序的。

第三十条 违反国家规定，制造、买卖、储存、运输、邮寄、携带、使用、提供、处置爆炸性、毒害性、放射性、腐蚀性物质或者传染病病原体等危险物质的，处十日以上十五日以下拘留；情节较轻的，处五日以上十日以下拘留。

第三十一条 爆炸性、毒害性、放射性、腐蚀性物质或者传染病病原体等危险物质被盗、被抢或者丢失，未按规定报告的，处五日以下拘留；故意隐瞒不报的，处五日以上十日以下拘留。

第三十二条 非法携带枪支、弹药或者弩、匕首等国家规定的管制器具的，处五日以下拘留，可以并处五百元以下罚款；情节较轻的，处警告或者二百元以下罚款。

非法携带枪支、弹药或者弩、匕首等国家规定的管制器具进入公共场所或者公共交通工具的，处五日以上十日以下拘留，可以并处五百元以下罚款。

三、《中华人民共和国合同法》中的相关条款

第二百九十七条 旅客不得随身携带或者在行李中夹带易燃、易爆、有毒、有腐蚀性、有放射性以及有可能危及运输工具上人身和财产安全的危险物品或者其他违禁物品。旅客违反前款规定的，承运人可以将违禁物品卸下、销毁或者送交有关部门。旅客坚持携带或者夹带违禁物品的，承运人应当拒绝运输。

四、《最高人民法院关于审理非法制造、买卖、运输枪支、弹药、爆炸物等刑事案件具体应用法律若干问题的解释》中的相关条款

第六条 非法携带枪支、弹药、爆炸物进入公共场所或者公共交通工具，危及公共安全，具有下列情形之一的，属于刑法第一百三十条规定的"情节严重"：

（一）携带枪支或者手榴弹的；

（二）携带爆炸装置的；

（三）携带炸药、发射药、黑火药五百克以上或者烟火药一千克以上、雷管二十枚以上或者导火索、导爆索二十米以上的；

（四）携带的弹药、爆炸物在公共场所或者公共交通工具上发生爆炸或者燃烧，尚未造成严重后果的；

（五）具有其他严重情节的。

行为人非法携带本条第一款第（三）项规定的爆炸物进入公共场所或者公共交通工具，虽未达到上述数量标准，但拒不交出的，依照刑法第一百三十条的规定定罪处罚；携带的数量达到最低数量标准，能够主动、全部交出的，可不以犯罪论处。

任务实施　案例分析

一、任务描述

（1）阅读案例材料，并回答文后提出的问题。

案例：2023 年 2 月 11 日 12 时许，南宁铁路公安局南宁公安处南宁东站派出所民警接到安检人员报警称，一名乘客过安检仪时，疑似携带子弹物品，经开包检查发现可疑物确实为一枚子弹。接报后，民警立即赶赴现场处置。民警检查发现，该子弹结构完整，为未击发实弹。经询问，该男子覃某自称，所携带子弹为其妻子梁某赠送，用

于"辟邪"保平安。

阅读完上述案例材料后，请回答以下问题：

（1）上述案例中该乘客违反了哪些法律法规条文？

（2）按照相关安检法律法规应该给该乘客什么处罚？

二、任务指导（教师）

（1）指导学生进行案例分析，组织学生分组进行讨论。

（2）引导学生查阅相关法律法规条文。

（3）引导学生养成良好的职业素养。

三、任务操作（学生）

（1）学生进行案例阅读及分析。

（2）学生按照要求讨论上述问题，并做记录。

（3）各小组选派代表对讨论结果进行汇报。

任务评价

考评任务		配分	考评指标	学生自评	小组互评	教师评定
知识准备	基础理论知识回顾	10	未能正确理解安检相关法律法规条文扣10分			
任务组成	案例讨论分析	30	未能正确全面分析乘客违反的法律条文扣15分（分析不全视情况扣1~15分，扣完为止）；未能根据相关法律条文给出乘客相应的处罚扣15分（分析不全视情况扣1~15分，扣完为止）			
	信息汇总	20	讨论没有涵盖案例中的所有关键信息，有遗漏扣5分；没有对案例进行全面的分析，考虑因素单一扣5分；针对每个问题不能给出正确的处理措施扣5分；分析过程不专业，未融入专业技能知识扣5分			
	任务汇报	10	汇报内容不完整扣1~5分；汇报内容不准确扣5分			
		10	汇报成员仪态礼仪不标准扣1~5分；语言表达能力欠缺扣1~5分			
实施过程中表现		10	旷课扣10分；迟到扣5分；上课睡觉扣5分			
协调合作，成果展示		10	不参与小组讨论扣5分；不在组内发言记录扣3分；不进行小组讨论总结扣2分			
总成绩（学生自评占30%，小组互评占40%，教师评定占30%）						

思考练习题

一、简答题

1. 立法的基本原则有哪些?
2. 法律实施的主要方式有哪些?
3. 安检人员在工作中有哪些禁止行为?
4. 犯罪构成的共同要件有哪些?
5. 什么是正当防卫?正当防卫构成的条件有哪些?
6. 违反治安管理行为的特征有哪些?治安管理处罚的种类有哪些?
7. 违反治安管理行为有哪些?分别如何认定和处罚?

项目七

突发事件的应急处置

知识要点

1. 城市轨道交通突发事件的定义;
2. 城市轨道交通突发事件应急处置的工作原则;
3. 城市轨道交通突发事件应急处置组织机构及职责;
4. 各类城市轨道交通突发事件的应急处置措施。

学习目标

1. 知识目标:
(1) 了解突发事件的定义和常见类型;
(2) 了解突发事件应急处置的定义和目的;
(3) 掌握突发事件处置的原则及组织机构各层级的职责;
(4) 掌握各类突发事件的应急处置措施;
(5) 掌握应急情况报告基本原则及报告程序。
2. 能力目标:
(1) 能够分辨不同类型突发事件;
(2) 能够冷静处理各类突发事件;
(3) 能够正确执行各类应急预案并完成事故报告。
3. 素质目标:
(1) 培养应对突发事件的处理能力;
(2) 增强维护公共安全和公众利益的大局意识;
(3) 敬畏生命,树立以维护公共安全为重心的国家安全观。

城市轨道交通安检安保岗位实务

任务一 城市轨道交通突发事件应急处置认知

案例引入

2017年5月15日，南宁地铁2号线车站出现大面积停电。由于无法正常供电，部分列车停运，乘客须等待维修完成后才能上车。

2020年9月24日，广州地铁6号线车站发生电梯故障。一名女性乘客被困其中，维修人员花费了近两个小时时间将其成功解救。

2021年7月12日，南宁地铁1号线车站因台风"烟花"影响而暂停运营，部分班次调整，以确保乘客安全。

城市轨道交通面向社会提供快速、便捷的交通运输服务，客运环境封闭，大部分车站位于地下空间，一旦发生突发事件，其明显表征是影响大、不确定性大、综合性强、回旋余地小，极有可能造成群死群伤和严重财产损失，各类突发事件均有可能在城市轨道交通车站发生。这些突发事件由于发生的规模、地点、危害性质的不同而会产生不同的影响和后果，存在随机性与不确定性，如果城市轨道交通车站应对不当就可能发展成规模更大的事故或事件，造成更大的损失和影响。因此，城市轨道交通安检作为车站的第一道防线，应就突发事件建立应急处置体系，防患于未然。

相关理论知识

一、城市轨道交通突发事件的定义及类型

（一）城市轨道交通突发事件的定义

城市轨道交通突发事件是指突然发生，造成或可能造成城市轨道交通重大人员伤亡、财产损失、严重危害社会等，需要采取应急措施予以应对的自然灾害、事故灾难、公共卫生和社会安全的紧急事件。

(二)城市轨道交通突发事件的类型

1. 自然灾害

自然灾害是指由于自然原因而导致的灾害或突发事件,如地震、洪涝、台风、暴雪、严寒等。

2. 事故灾难

事故灾难是指在人们生产、生活过程中发生的,直接由人的生产、生活活动引发的,违反人们意志的、迫使活动暂时或永久停止,并且造成大量人员伤亡、经济损失或环境污染的意外事件,如车祸、地铁火灾等。

3. 公共卫生事件

公共卫生事件是指突然发生,造成或者可能造成社会公众健康严重损害的重大传染病疫情、群体性不明原因疾病、重大食物和职业中毒以及其他严重影响公众健康的事件,如集体中毒等。

4. 社会安全事件

社会安全事件是指由人们主观意愿产生,危及社会安全的突发事件,如恐怖袭击、治安事件、群体性事件等。

二、城市轨道交通突发事件应急处置

(一)城市轨道交通突发事件应急处置的定义

城市轨道交通突发事件应急处置是指因在轨道交通运营范围内突然发生造成或可能造成乘客财产、健康严重受损,或对轨道交通工作人员的人身、财产、形象造成损害的事件,必须在短时间内和不确定性极高的情况下作出有效应对的处置。

(二)城市轨道交通突发事件应急处置的目的

应急处置的目的是做好城市轨道交通突发事件的防范与处置工作,保证及时、有序、高效、妥善地处置城市轨道交通突发事件,最大限度地减少人员伤亡和财产损失,维护社会稳定,支持和保障经济发展。

(三)城市轨道交通突发事件应急处置的工作原则

(1)以人为本、科学决策。发挥公共服务职能,把保障人民群众的生命财产安全、最大限度地减少突发事件造成的损失放在首位。

(2)统一指挥、分级负责。在统一领导下,由相关职能部门负责有关城市轨道交通突发事件的应急处置工作。

(3)属地为主、分工协作。城市轨道交通突发事件应急处置时,相关部门要主动配合、密切协作、整合资源、信息共享、形成合力,保证信息的及时准确传递、事件的快速有效处置。

（4）应急处置与日常建设相结合，增强有效应对能力。对突发事件要有充分的思想准备，建立应对的有效机制，做到常备不懈。应急机制建设和资源准备要坚持应急处置与日常建设相结合，降低运行成本。

三、城市轨道交通突发事件应急处置机构的组织与职责

（一）机构组织集权化

城市轨道交通突发事件的不确定性、破坏性和扩散性，决定了应急管理的主体行使处置权力时必须快速、高效，因而要求整个组织严格按照一体化集权方式管理和运行，做到上下关系分明、职权明确，有令必行、有禁必止，奖罚分明，强调统一领导、统一指挥、统一行动的一体化集权管理。

（二）组织职责双重性

在现阶段的应急管理实践中，除了部分应急管理人员从事专业应急管理工作外，大多数应急管理参与主体来自于不同的工作部门。在正常情况下，他们从事城市轨道交通的其他工作，只有在应急管理工作需要时，才参与应急管理活动，担负应急管理方面的职责。

（三）组织结构模块化

应急管理组织中，每个单元体都有类似的内部结构和相似的外部功能，是一个独立的功能体系。由不同单元体系组成的功能体系也具有相似的结构和功能，具有模块化的组织结构。遇到不同类型、不同级别和不同区域的突发事件时，可通过灵活快速地组合单元体，形成相应的应急处置体系。

（四）统一指挥

城市轨道交通突发事件的应对处置工作必须由应急指挥机构统一指挥。有关各方都要在应急指挥机构的领导下，依照法律、行政法规和有关规范性文件的规定，展开各项应对处置工作。城市轨道交通突发事件应急管理体制，从纵向看，包括组织自上而下的组织管理体制，实行垂直领导，下级服从上级的关系；从横向看，同级组织有关部门形成互相配合、协调应对、共同服务于指挥中枢的关系。

（五）综合协调

在城市轨道交通突发事件应对过程中，参与主体是多样的，既有政府及其政府部门，也有社会组织、企事业单位、基层自治组织、公民个人，甚至还有国际援助力量，要建设反应灵敏、协调有序、运转高效的应急机制，必须加强在统一领导下的综合协调能力建设。综合协调人力、物力、财力、技术、信息等保障力量，形成统一的突发事件信息系统、应急指挥系统、救援队伍系统、物资储备系统等，以整合各类行政应急资源，最后形成各部门协同配合、社会参与的联动工作局面。

（六）分类管理

由于城市轨道交通突发事件有不同的类型，因此，在集中统一的指挥体制下还应该实行分类管理。从管理的角度看，每一大类的突发事件，应由相应的部门实行管理，建立一定形式的统一指挥体制，如在具体制订预案时，就明确了各专项应急部门收集、分析、报告信息，为专业应急决策机构提供有价值的咨询和建议，按各自职责开展处置工作。但是，重大决策必须由组织的主要领导作出，这样便于统一指挥、协调各种不同的管理主体。

任务实施　案例分析

一、任务描述

阅读案例材料，并回答文后提出的问题。

案例：某日，某市地铁电工在1号线C站进行电缆孔洞封堵作业时，造成A站至C站区间信号故障。此时自动模式驾驶的1016次列车在A站下行出站后显示无速度码，行车调度员命令1016次列车以手动限速（RMF）方式凭地面信号向B站运行。

14时，1016次列车在A站至B站区间遇红灯停车，行车调度员命令停车待命。14时08分，行车调度员在A站与B站区间有车占用的情况下，发布电话闭塞调度命令。14时35分，行车调度员命令达到A站的1005次列车停车待命，但A车站站务员使用了错误的手信号，放行1005次列车从车站发车。14时37分，1005次列车以每小时54千米的速度行进到A站至B站区间弯道时，发现前方有列车停留，随即采取制动措施，但仍由于惯性以每小时35千米的速度与1016次列车发生追尾碰撞。

阅读完上述案例材料后，请回答以下问题：
(1) 案例中的事件属于哪种类型的城市轨道交通突发事件？
(2) 发生上述事故的原因有哪些？直接原因是什么？
(3) 发生上述事故时，应该如何处置？

二、任务指导（教师）

(1) 指导学生进行案例分析，组织学生分组进行讨论。
(2) 指导学生分别列出不同阶段责任相关问题及需要采取的措施。
(3) 培训学生应对城市轨道交通突发事件普遍的应急处理方法和技能。

三、任务操作（学生）

(1) 学生进行案例阅读及分析。

(2) 学生按照要求讨论上述问题,并做记录。

(3) 各小组选派代表对讨论结果进行汇报。

任务评价

考评任务		配分	考评指标	学生自评	小组互评	教师评定
知识准备	基础理论知识回顾	10	未掌握突发事件的类型扣5分;未掌握应急处置组织机构扣5分			
任务组成	案例讨论分析	30	未能正确判断突发事件类型扣10分;未能分析事故原因扣10分(分析不全视情况扣1～10分,扣完为止);未能给出正确的处理措施扣10分(措施不全视情况扣1～10分,扣完为止)			
	信息汇总	20	讨论没有涵盖案例中的所有关键信息,有遗漏扣5分;没有对案例进行全面的分析,考虑因素单一扣5分;针对每个问题不能给出正确的处理措施扣5分;分析过程不专业,未融入专业技能知识扣5分			
	任务汇报	10	汇报内容不完整扣1～5分;汇报内容不准确扣5分			
		10	汇报成员仪态礼仪不标准扣1～5分;语言表达能力欠缺扣1～5分			
实施过程中表现		10	旷课扣10分;迟到扣5分;上课睡觉扣5分			
协调合作,成果展示		10	不参与小组讨论扣5分;不在组内发言记录扣3分;不进行小组讨论总结扣2分			
总成绩(学生自评占30%,小组互评占40%,教师评定占30%)						

任务二 各类突发事件应急处置

案例引入

2021年7月17日以来,郑州市连降罕见特大暴雨,造成郑州地铁发生积水等情况,郑州地铁启动紧急响应机制,全面疏散乘客。此次强降雨造成郑州地铁5号线五龙口停车场及其周边区域发生严重积水现象。7月20日18时许，积水冲垮出入场线挡水墙进入正线区间，造成郑州地铁5号线列车在海滩寺街站和沙口路站隧道列车停运。18时10分，郑州地铁下达全线网停运指令，组织力量，疏散群众，共疏散群众500余人，其中12人经抢救无效死亡、5人受伤。

当发生突发事件时，应视情况立即通知相关部门和警方，并启动应急预案，组织相关救援人员前往现场。同时，需迅速疏散乘客，调配公共交通工具，确保周围居民、路人等不会受到影响。在救援过程中，需精准、高效地开展应急处置工作，积极控制突发事件的影响范围，及时采取有效措施保护人身财产安全。还需要对事件进行事后跟踪和评估，总结经验教训，完善应急预案体系，提高应急处置能力和水平。

相关理论知识

一、治安类事件的应急处置

（一）爆炸的应急处置

（1）迅速反应，及时报告，密切配合，全力以赴疏散乘客、排除险情，尽快恢复运营。

（2）城市轨道交通运营企业应针对列车车站、轨道交通主变电站、轨道交通控制中心，以及轨道交通车辆段等重点防范部位制定防爆措施。

（3）城市轨道交通内发现的爆炸物品、可疑物品应由专业人员进行排除，任何非专业人员不得随意触动，而应及时报警、迅速撤离并协助警方的调查。

（4）城市轨道交通爆炸案件一旦发生，市级建设主管部门应立即报告当地公安部门、消防部门和卫生部门，组织开展调查处理和应急工作。

（5）城市轨道交通突发事件应急机构接到爆炸报告后，应立即组织启动相应的应急预案。

（6）为防止连环爆炸，对周围有易燃易爆物品的现场应采取有效的防范措施，迅速搬离易燃易爆物品，防止发生连环爆炸事故。

（7）注意把握撤离时机，避免造成人员伤亡。

（二）毒气袭击的应急处置

1. 处置原则

接到毒气事故报警后，必须携带足够的氧气、空气呼吸器及其他特种防毒器具，并为救援人员提供个人防护装备保障。在救援的同时应该迅速查明毒源，划定警戒区域，遵循"救人第一"的原则，积极抢救已中毒人员，疏散受毒气威胁的乘客。

2. 处置措施

大多数的毒气事故发生后必须及时进行洗消，洗消流程如下：

（1）控制污染源，及时消除污染。控制措施越早，受污染面积越小。直接对泄漏点或泄漏部位洗消，构成空间除污网。

（2）确定污染范围。做好事故现场的应急监测，及时查明泄漏源的种类、数量和扩散区域，明确污染边界，确定洗消量。

（3）严防污染扩散。对毒气事故的污染进行清除，采取有效措施防止污染扩散。常用的防扩散方法有以下四种：

① 堵。截断有毒物质外流，阻断污染源。

② 撒。可用具有中和作用的酸性或碱性粉末抛撒在泄漏地点的周围，使之发生中和反应，降低危害程度。

③ 喷。用酸碱中和原理，将稀碱（酸）喷洒在泄漏部位，形成隔离区域。

④ 稀。利用大量的水对污染物进行稀释，以降低污染浓度。

（4）污染洗消。利用喷洒洗消液、抛撒粉状消毒剂等方式消除毒气污染。一般在毒气事故救援现场可采用三种洗消方式：

① 源头洗消。在事故发生初期，对事故发生点进行洗消，将污染源严密控制在最小范围内。

② 隔离洗消。当污染蔓延时，对下风向暴露的建筑物喷洒洗消液、抛撒粉状消毒剂，形成保护层，污染降落物流经时即可产生反应，降低甚至消除危害。

③ 延伸洗消。控制住污染源后，从事故发生地开始向下风方向对污染区逐次推进全面而彻底的洗消。

（三）抢劫事件的应急处置

抢劫犯罪是危害性较大的刑事犯罪，特别是以守护目标财物为对象的抢劫犯罪，社会危害性更大。安检人员守护重要目标，对付各种抢劫犯罪主要应采取以下四种措施。

1. 坚决制止抢劫犯罪，抓获、押送抢劫犯罪嫌疑人

遇有抢劫守护目标的犯罪行为，安检人员可根据实际情况采取多种措施制止抢劫犯罪，如迅速关闭大门、封闭通道、切断控制开关电源，也可果断制服犯罪嫌疑人。

抢劫犯罪是重大的暴力犯罪，《中华人民共和国刑法》对其正当防卫的规定不同于一般犯罪，安检人员应坚决与抢劫犯罪做斗争。

2. 及时报警

安检人员由于受到法律规定、武器装备等方面的限制，对付抢劫犯罪的能力是有限的。因此，一旦发生抢劫犯罪，要及时报警。对于重要的守护目标应制定防抢劫预

项目七 突发事件的应急处置

案,并设置方便有效的警报装置,安检人员可按预案报警。如果由于现场条件限制,安检人员不能立即报警,则应根据实际情况寻找时机灵活报警。

3. 沉着机智,灵活处置

抢劫犯罪的手段具有较大的威胁性,且多种多样。因此,安检人员遇有抢劫犯罪时应沉着机智,最大限度地减少人身伤亡和财产损失。如果犯罪分子人数较多,或持枪,或持爆炸物等抢劫的,也就是说当安检人员处于劣势的情况下,不要惊慌且不可硬拼,注意把握时机制服犯罪嫌疑人,或在伺机报警后牵制住犯罪嫌疑人。

4. 保护现场,提供线索

无论抢劫犯罪嫌疑人是逃离现场,还是被抓获,安检人员都应保护好现场,为侦破案件创造条件。安检人员在与犯罪嫌疑人周旋、搏斗的过程中,要注意犯罪的特征,以及正当防卫对犯罪嫌疑人的伤害情况,事后应向公安机关提供这些情况,为侦查破案提供线索。

(四)打架斗殴事件的应急处置

打架斗殴事件多由情绪激动等因素引发,突发性强,事态发展迅速,所以安检人员在处理时有一定的难度,一定要公正、公平,切忌偏袒一方,否则会使事件进一步恶化。

(1) **迅速隔离矛盾的双方,控制事态进一步发展**。打架斗殴事件发生过程中,矛盾双方扭打在一起,或形成剑拔弩张的对峙局面,或赤手空拳,或手持器具。面对这种情况,安检人员应机智采取措施,将矛盾双方隔离开,及时中断双方的斗殴与对峙,有效防止双方情绪的进一步激化,从而控制斗殴事件的进一步恶化。

(2) **疏导围观群众,为平静双方的情绪创造环境**。打架斗殴事件如果发生在人群聚集的场合,周围群众在好奇心的驱使下会在短时间内将斗殴双方围起来,静观事态进一步发展,甚至有少数人在一旁煽风点火,使双方矛盾激化。所以,要及时疏导围观群众,缓和现场的紧张气氛,使双方的对立情绪迅速冷静下来。

(3) **查明原因,分析利害,教育矛盾双方正确认识和解决彼此间的摩擦**。通过调查了解,基本弄清双方产生矛盾的具体原因。通过实例,分析打架斗殴行为的利害,使双方认识到自己的行为将会给个人、家庭、社会带来的不良影响,从而使其在思想上认识到错误的严重性,达到相互谅解、化解矛盾的目的。

(4) **冷处理**。对于有些斗殴事件,还可用冷处理方式来解决,特别对于斗殴情节较轻的事件,可以将矛盾双方隔离开,让其冷静地思考自己的言行,从而使矛盾双方认识错误,握手言和。

(五) 对精神病患者的应急处置

1. 对一般精神病患者的处置

对在城市轨道交通站点巡逻中遇到的一般精神病患者,首先要防止其行为对周围人和物的侵害，通过一定方式将其合法化地监护起来，并及时与有关部门取得联系，寻找其监护人将其领回。在此期间要注意关心精神病患者的状态，为其提供一定的饮食或休息场所，尽量引导其配合工作。

2. 对正在发病的精神病患者的处置

在城市轨道交通站点内出现的正在发病的精神病患者，极易引起围观，影响正常的乘车秩序。此时，应及时疏散群众，将精神病患者引领到单独处所，然后想办法与其监护人或其他社会福利部门取得联系，将其领回或对其进行社会救助。

3. 对实施侵害行为的精神病患者的处置

对于在责任区内发生伤人毁物行为的精神病患者，要立即采取有效措施制止其侵害行为的继续发展，并及时说服、疏散围观群众，采取合理的办法将精神病患者约束起来。设法尽快与其监护人取得联系，同时将此情况通报公安机关，以便对精神病患者进一步进行约束和保护，并依据其行为可能造成的后果，追究其监护人的责任，以防止类似事件再次发生。

（六）对扒窃事件的观察和识别

扒窃事件大多发生在人员比较集中的公共场所，扒手的目标是窃取群众随身携带的钱财或者顺手拎包等。安检人员可从以下三个方面观察和识别扒手。

1. 观察眼神

尽管扒手在衣着方面已经进行了种种伪装，混于人群中，但扒手的眼神和正常人不一样，扒手既要寻找作案目标，又要躲避打击，所以他们的眼神游离不定，眼睛始终集中盯着他人的衣兜、包裹，作案得逞后，常常侧目不视。

2. 观察行为

为寻找目标，他们不时用手触摸过往行人的衣兜。在城市轨道交通工具上，他们习惯在车门处使劲向上挤，但又不上车；有时卡在车门处不上不下，尝试用手背和手指接触上下车乘客的衣兜和拎包；在上车之后，他们不往车厢里人少的地方站或坐，专门往人多处挤，用手或胳膊触摸别人的衣兜；有的在列车行驶过程中，身体不是随着惯性作用前后左右晃动，而是逆方向把身体倒向乘客身上，借机进行试探。

3. 观察动作

扒手动手作案时，一般借车体运行的晃动或乘客拥挤的机会，紧贴被窃对象的身体，利用物品、他人或同伙作掩护，如手拿提包、衣服、书报等工具挡住被窃对象的视线，作案得逞后，快速逃离现场。

（七）对新型恐怖威胁的应急处置

城市轨道交通面临的恐怖袭击手段不断发生变化，在防范传统恐怖威胁形式的同时，更需关注隐蔽性更强、破坏力更大、制作更简单的新型恐怖威胁。

1. 新型恐怖威胁的种类

（1）液态危险品。液态危险品主要指使用双氧水制作的三过氧化三丙酮（TATP）等爆炸物、汽油和丙酮等易燃液态危险品，因其无特定形状特征，又可以将主要制作原材料分开携带并在现场制作引爆，几乎无法利用传统安检技术进行防范。

（2）胶状和粉末状爆炸物。这些爆炸物很难与肥皂、糖等日常用品区分，隐蔽性更强，传统安检技术难以检测识别。

（3）"脏弹"。"脏弹"指将爆炸装置与放射性物质混合使用，引爆后放射性物质可对爆炸现场造成长期辐射影响。

2. 应对新型恐怖威胁的相关技术解决方案

（1）综合应用X射线成像、计算机断层扫描、痕量爆炸物离子迁移谱分析、金属探测和放射性物质监测等先进安检技术，有效防范爆炸物与武器，易燃、易腐蚀物品和放射性各类危险违禁品，有力震慑恐怖、极端分子。

（2）实时采集、存储和处理乘客及随身携带行李的相关X射线图像、视频监控等信息，发生安全威胁事件后可供调查分析取用。

（3）采取普检与精检相结合的安检模式，以及设置开包复检工作站等措施，提高安检工作效率，改善安检工作质量。

（4）兼顾城市轨道交通公共服务特性和安全出行需求，充分考虑各地区安检目标和安检标准的差异性，支持灵活的产品配置，提供可调的安检级别和灵敏度设置。注重安检解决方案设计的人性化需求，优先选择非侵入式安检方式。

3. 应对新型恐怖威胁的主要安检技术应用

（1）通道式X射线检查技术。传统通道式X射线安检手段主要用于爆炸物与武器、管制器具等危险品、违禁品检测。

（2）计算机断层扫描成像技术。该技术能够自动识别易燃易爆、易腐蚀性危险液体，以及用于制作液体爆炸物的主要液体组成成分。

（3）痕量爆炸物探测技术。该技术能够自动检测行包和粉末状、胶状嫌疑物品是否存在痕量爆炸物，并鉴别爆炸物种类。

（4）金属探测技术。传统人身安检手段，主要用于金属材料武器和管制器具等危险品、违禁品检测。

（5）放射性物质监测技术。该技术主要用于"脏弹"等放射性物质材料自动监测和核素识别。

二、其他类突发事件的应急处置

（一）火灾的应急处置

（1）城市轨道交通运营企业要制订完善的消防预案，针对不同车站、列车运行的不同状态，以及消防重点部位制订具体的火灾应急响应预案。

（2）贯彻"救人第一，救人与灭火同步进行"的原则，积极施救。

（3）处置火灾事件应坚持快速反应的原则，做到反应快、报告快、处置快，把握起火初期的关键时间，把损失控制在最低程度。

（4）火灾发生后，工作人员应立即向"119""110"报告。同时做好乘客的疏散、救护工作，积极开展灭火自救工作。

（5）城市轨道交通运营企业的突发事件应急机构和市级轨道交通突发事件应急机构，在接到火灾报告后，应立即组织启动相应的应急预案。

（二）大客流的应急处置

1. 处置方法

（1）当城市轨道交通车站出现客流爆满情况后，应立即会同车站工作人员共同维持车站秩序，控制出入口和检票口，实施限流、分流、关闭部分卷帘门，及时调集力量支援，视情况采取停止售检票、关闭部分出入口等措施。

（2）密切关注客流变动情况，调集后续力量支援，并加强与城市轨道交通运营企业的联系，根据现场情况实施跳站运营、关闭车站等应急处置措施，发现可能引起踩踏事件的情况，要及时上报。

（3）控制车站出入口和安检口，在最短的时间内将乘客疏散出车站。

2. 预防措施和处置要点

（1）收集相关情报，组织人力制订应急方案，作出较准确的预测。

（2）当城市轨道交通运营中出现设备故障、车辆故障对客流产生影响时，相关单位应及时派出增援力量，会同车站视情况采取停止进站、疏散乘客出站、关闭出入口等紧急措施，并充分利用宣传工具进行疏导广播，以取得乘客的理解和支持。

（3）当发生群体性骚乱、滋事事件影响客流时，相关单位应立即抽调力量赶赴现场控制局势。对滋事的主要人员要及时取证、迅速带离现场进行审查；对围观人员要进行宣传和疏导，劝其尽快离开，对不听劝阻的人员，予以强行驱散，防止事态扩大、矛盾激化，争取在最短时间内恢复车站正常秩序。

（三）地震灾害的应急处置

（1）实行高度集中，统一指挥。各单位、各部门要听从指挥，各司其职，各负其责。

（2）抓住主要矛盾，先救人、后救物，先抢救通信、供电等要害部位，后抢救一般设施。

（3）城市轨道交通突发事件应急机构及轨道交通运营企业负责制订地震应急预案，做好应急物资的储备及管理工作。

（4）发布破坏性地震预报后，即进入临震应急状态，采取以下六种措施：

① 根据震情发展情况，发布避震通知，必要时停止运营，组织避震疏散。

② 对有关设备采取紧急抗震加固等保护措施。

③ 检查抢险救灾的准备工作。

④ 及时准确通报地震信息，保护正常工作秩序。

⑤ 地震发生时，运营主管部门应及时将灾情报有关部门，同时做好乘客疏散和轨道交通设备、设施保护工作。

⑥ 接到地震报告后，应立即组织启动相应的应急预案。

（四）城市轨道交通大面积停电的应急处置

（1）城市轨道交通运营企业应贯彻预防为主、防救结合的原则，重点做好日常安全供电保障工作，准备备用电源，防止停电事件的发生。

（2）停电事件发生后，轨道交通运营企业要做好信息发布工作，做好乘客紧急疏散、安抚工作，协助做好轨道交通的治安防范工作。

（3）供电部门在突发事件发生后，应根据突发事件的性质、特点，立即实施突发事件抢修、抢险预案，尽快恢复供电。

（4）接到停电报告后，应立即组织启动相应应急预案。

三、应急情况报告

（一）应急情况报告的基本原则

（1）快捷。最先接到突发事件信息的单位应在第一时间报告。

（2）准确。报告内容要真实，不得瞒报、虚报、漏报。

（3）直报。发生突发事件，要直报并及时通报有关部门。

（4）续报。在事件发生一段时间内，要连续上报应急处置的进展情况及有关内容。

（5）报告内容。突发事件快报及续报应当包括以下内容：

① 事件单位的名称、负责人、联系电话、地址。

② 事件发生的时间、地点。

③ 事件的危害程度、影响范围、伤亡人数、直接经济损失。

④ 事件的简要经过。

⑤ 其他需上报的有关事项。

（二）报告程序

城市轨道交通突发事件发生后，现场人员必须立即报警，并报告轨道交通运营企业应急机构。有关部门接到报告后，应迅速确认突发事件的性质和等级，立即启动相应的预案，并向上级轨道交通应急机构报告。

突发事件发生后必须做到：

（1）迅速采取有效措施，组织抢救，防止事态扩大。

（2）严格保护现场。

（3）迅速派人赶赴现场，负责维护现场秩序和证据收集工作。

（4）统一部署和指挥，了解并掌握情况，协调组织事件抢险和调查处理等事宜，并及时报告事态趋势及状况。

（5）因抢救人员、防止事态扩大、恢复生产、疏导交通等原因，需要移动现场物件的，应当做好标记，采取拍照、摄像、绘图等方法详细记录突发事件现场的原貌，妥善保存现场的重要痕迹和物证。

任务实施　突发事件应急演练

一、任务描述

根据各类突发事件应急处理流程编写演练脚本，并进行对应演练。

二、任务指导（教师）

（1）确定2~3个要演练的突发事件，如火灾、电扶梯事故、大客流等，制订相应的应急处理流程。

（2）撰写演练脚本，包括演练场景、演练人员和时间安排等。

（3）带领学生进行演练前的准备工作，如安排演练设备和现场环境。

（4）在演练前向学生介绍各类突发事件的应急处理方法和注意事项。

三、任务操作（学生）

（1）学生按照演练脚本分组进行演练，模拟各类突发事件的发生和应急处理。

（2）在演练过程中，学生需要根据情况快速反应，采取相应措施，保证演练顺利进行。

（3）演练结束后，学生需要进行总结和反思，提出改进建议和意见。

演练脚本案例

案例情境一：×××站站厅A端发生火灾。

（1）厅巡向车控室汇报："厅巡呼叫车控室，站厅A端发现火情。"

（2）值班员复诵"站厅A端发现火情，车控室收到"，并立刻向值班站长汇报"车控室呼叫值班站长，站厅A端发现火情，请立即前往现场确认"。

（3）值班站长："站厅A端发现火情，值班站长收到"，并立刻赶赴现场判断火情。

3分钟内赶到现场，判断为初期火灾，就近使用灭火器或组合式消火栓设备扑灭火灾（需判断是否为电气火灾或其他特殊类型火灾）。

判断为气灭房间火灾，立即启动气灭房间火灾应急处置程序，防止车站切除非消防电源，并保证气灭房间有效灭火。

若发现火情已无法控制，立刻启动站厅A端火灾应急处置程序，值班站长将手持台调至应急抢险组与行调保持联系。

（4）车控室报告行调："×××站呼叫行调，站厅A端发生火灾，火势无法控制。"

行调指示车控室："×××站启动站厅火灾应急处置程序，立即疏散站厅A端乘客，车站只出不进，随时汇报最新情况。"

（5）值班员复诵"×××站启动站厅A端火灾应急处置程序，车站只出不进，随时汇报最新情况"，并报告值班站长。

值班站长听取后复诵"×××站启动站厅A端火灾应急处置程序，值班站长明白"。值班站长立刻指令："站台岗票亭岗，站台A端发生火灾，火势无法控制，立即从B端疏散乘客，车控室安排安保人员到出入口，车站只出不进，客运值班员到车控室协助行车值班员执行行调命令。"

（6）车控室行车值班员与客运值班员双人确认火灾报警系统主机启动站厅火灾模式，进出站闸机及门禁系统紧急释放，此时车站将会切除非消防电源，仅留下三级负荷。

（7）值班站长指令客运值班员："携带应急疏散灯摆放到关键位置，在闸机处发放小方巾。"

客运值班员携带应急疏散灯摆放到关键位置，在闸机处发放小方巾，并在安全情况下搜寻、解救被困人员，对受伤乘客进行安抚及简易救治，指挥三保人员将乘客疏散至安全位置。

（8）值班站长指令站台："确认站台乘客疏散情况。"

站台回复："乘客已疏散完毕，男女卫生间、无障碍卫生间、母婴室已疏散完毕，电扶梯没有客伤，垂梯没有困人。"

值班站长指令站台："到×出入口疏散乘客。"

（9）值班站长指令票亭岗："锁好客服中心，在进站闸机疏散站厅乘客。"

站厅回复："乘客已疏散完毕，男女卫生间、无障碍卫生间、母婴室已疏散完毕，电扶梯没有客伤，垂梯没有困人。"

值班站长指令票亭："到×出入口疏散乘客。"

① 站台岗从站台三角机房取出逃生面具佩戴，并交给值班站长另外一个逃生面具，引导乘客去往出站口方向。

②值班站长用湿毛巾捂住口鼻（必要时可用任何物品代替）指引乘客。

③站台岗、票亭岗协助客运值班员发放小方巾。引导乘客出站和阻止无关人员进站。

（10）车控室汇报值班站长："火灾模式应急广播已启动，进出站闸机和全站门禁系统释放。"

值班站长现场确认均已启动与释放。

（11）值班站长视情况指令车控室："向行调申请加开列车疏散站台乘客"，或"疏散站台无法动车时车上的乘客"。

（12）车控室确认站厅A端已开启火灾排烟模式。

（13）车控室拨打119，120报警电话，视情况向行调申请列车不停站通过。

（14）值班站长指令车控室："安排一名安保人员到B端接应外部支援人员。"

（15）车控室及值班站长随时保持与行调联系，汇报现场情况。

（16）外部支援人员到达现场后，将有关信息通报给相关负责人，视情况组织全员撤退，撤退时须与运行控制中心留下2个以上联系方式。

（17）所有工作人员疏散至安全出入口，各负责人清点人数后报告值班站长，确认无人员遗留在火灾现场。

（18）关站，张贴关站告示。

案例情境二：××年××月××日××时××分，××站有多名乘客在×号扶梯处摔伤。

车站人员发现客伤后立即向车控室汇报，车站接到信息后立即拨打120，并汇报上级领导，并展开前期乘客疏散、抢救工作。车站各岗位按车站发生群体性客伤处理程序操作，疏散乘客，抢救伤员，防止事态扩大，处理完毕后恢复车站运营。

（1）××站×号电扶梯发生乘客摔伤，客服中心售票员发现后第一时间赶到现场，并按下电扶梯紧停按钮，同时将情况汇报车控室。

（2）行车值班员通知值班站长到现场进行处理，并监控现场情况。

（3）值班站长与客运值班员携带药箱到达现场，对受伤乘客进行简单救治。

（4）车站安排安保疏散现场乘客，使用医用屏风对现场进行隔离，防止乘客拍照。

（5）车站报行调、站长、安全主办、"120"、保险公司，根据行调指令，结合现场情况进行处置。

（6）车站安排人员在出入口接应"120"救援人员。

（7）值班站长与客运值班员对受伤乘客救治完毕，并安抚受伤乘客情况。

（8）"120"救援人员到达现场，并将受伤乘客送往就近医院，车站留下相关信息。

（9）值班站长组织恢复正常运营。

项目七 突发事件的应急处置

(10) 车站报行调、站长、安全主办，现正在恢复正常运营。

(11) 演练结束。

任务评价

考评任务		配分	考评指标	学生自评	小组互评	教师评定
知识准备	基础理论知识回顾	5	未掌握应急情况报告原则及程序扣5分			
任务组成	突发事件应急处理演练	30	突发事件应急处置（应急处置原则不正确扣5分；处置方法不正确扣10分；处置流程不规范扣5分；岗位专业技能差扣5分；未及时上报或上报流程不规范扣5分；）			
		10	发生突发事件时反应速度慢或者无反应扣10分			
		10	演练时小组成员交流沟通不及时或无沟通扣10分			
		15	演练时各岗位配合不密切的扣15分			
		10	不能及时准确地预判事件造成的结果扣10分			
实施过程中表现		10	旷课扣10分；迟到扣5分；上课睡觉扣5分			
协调合作，成果展示		10	不参与小组讨论扣5分；不在组内发言记录扣3分；不进行小组讨论总结扣2分			
总成绩（学生自评占30%，小组互评占40%，教师评定占30%）						

思考练习题

一、填空题

1. 城市轨道交通突发事件有_____、_____、_____、_____四类。

2. 城市轨道交通突发事件应急处置的原则是_____、_____、_____、_____。

二、简答题

1. 城市轨道交通突发事件应急处置的定义是什么？
2. 城市轨道交通突发事件应急情况报告的基本原则是什么？
3. 城市轨道交通突发事件报告的内容和程序有哪些？
4. 简述城市轨道交通突发大客流的应急处置方法。

附　录

附录 1 南宁市城市轨道交通禁止限制乘客携带的具体物品目录

一、乘坐城市轨道交通禁止携带物品目录

（一）枪支弹药类（含主要零部件）

(1) 军用枪：手枪、步枪、冲锋枪、机枪、防暴枪等。

(2) 民用枪：气枪、猎枪、运动枪、麻醉注射枪等。

(3) 其他枪支：样品枪、道具枪、发令枪、仿真枪等。

(4) 弹药：各类炮弹和子弹等。

（二）爆炸品类

各类火药、炸药及其制品和雷管、导火索等点火、起爆器材，烟花爆竹制品和用于生产烟花爆竹的民用黑火药、烟火药、引火线等物品及其仿制品。

（三）禁止器具类

(1) 匕首、三棱刀（包括机械加工用的三棱刮刀）、带有自锁装置的弹簧刀以及其他相类似的单刃、双刃、三棱尖刀、弩等和其他符合《管制刀具认定标准》的刀具。

(2) 除管制刀具外，将可能危及旅客人身安全的菜刀、餐刀、屠宰刀、斧子等利器；警棍、催泪器、催泪枪、电击器、电击枪、射钉枪、防卫器等器具。

（四）易燃易爆物品类

氢气、一氧化碳、甲烷、乙烷、丁烷、天然气、乙烯、丙烯、乙炔（溶于介质的）、液化石油气、氧气、水煤气等易燃气体；

汽油、煤油、柴油、苯、乙醇、丙酮、乙醚、油漆、稀料（香蕉水、硝基漆稀释剂）、松香油等易燃液体；

红磷、闪光粉、固体乙醇、赛璐珞等易燃固体；

黄磷（白磷）、硝化纤维片、油脂及其制品等易自燃物质；

金属钾、钠、锂、碳化钙（电石）、镁铝粉等遇水放出易燃气体的物质；

过氧化钠、过氧化钾、过氧化铅、过氧乙酸、双氧水等氧化性物质和有机过氧化物；

氯酸钾、高氯酸钾等各类易制爆化学品。

上述物品均包括其混合物。

（五）毒害品类

《危险化学品目录》中标注为剧毒的危险化学品及其混合物，农业部公告（第199号）明令禁止使用的农药等。

（六）腐蚀性物品类

盐酸、氢氧化钠、氢氧化钾、硫酸、硝酸、蓄电池（含氢氧化钾固体或注有碱液的）等具有可燃、助燃特性的腐蚀性物品。

（七）放射性物品类

《放射性物品分类和名录》中规定的核材料、放射性同位素等物品。

（八）传染病病原体及医疗废物类

《中华人民共和国传染病防治法》规定的传染病病原体，《医疗废物分类目录》规定的医疗废物，《人间传染的病原微生物名录》规定的病原微生物等影响公共卫生安全的物品。

（九）其他危害公共安全、列车运行安全的物品

如可能干扰列车信号的强磁化物、有强烈刺激性气味的物品、不能判明性质可能具有危险性的物品等。

（十）国家法律、法规规定的其他禁止携带、运输的物品

二、乘坐城市轨道交通限制携带物品目录

种类	品名	限带数量	备注
民用生活生产工具	锂电池	锂含量不超过2克，锂离子电池的额定能量值不超过100瓦特小时	—
	水果刀、工艺刀、工具刀等	—	仅限携带刀刃部分在10厘米以下的刀品（须包装完好或经刀刃内藏、包缠紧密的防护、登记措施）
	锤子、钢（铁）锉、铁棍等金属工具器具	单品限量1把（件），累计限量不超过3把（件）	铁棍总长25厘米以上的（须包装完好或经必要的防护、登记措施）
	球棒、木棍等木质棍状物品		长50～160厘米，直径6厘米以上的（须包装完好或经必要的防护、登记措施）

(续表)

种类	品名	限带数量		备注
含有易燃物质的生活物品	白酒（50% vol 以上）	不超过 2 千克		包装完好的
	摩丝、发胶、染发剂、冷烫精、指甲油、光亮剂、衣领净	单品不超过 700 毫升	累计携带不得超过 1 000 毫升或 1 千克	物品带有易燃标识的
	香水（毫升）	单品不超过 120 毫升		
	卫生杀虫剂、空气清新剂	单品不超过 700 毫升		
	打火机	不超过 2 支		可充有可燃气体或燃料油
	安全火柴	不超过 2 小盒		—

附录 2 《南宁市城市轨道交通禁止限制乘客携带的具体物品目录》未列明物品安检处置标准

一、家禽类物品

根据《南宁市城市轨道交通管理条例》第三十四条，活禽一律不允许携带进入车站乘车。

二、海鲜生鲜类物品

根据《南宁市城市轨道交通管理条例》第三十四条，海鲜生鲜如果不是活的（放置在水中的活生鲜），并包装好，无异味，可以携带进入车站乘车。

三、安检自弃物品

原则上不予领取，特别贵重的物品需要领回的，凭借个人身份证原件及身份证复印件在当日内到安全检查点，由本人签字确认领回自由物品（因为个人已经申明自弃，车站不承担物品保管的责任）。

四、电子烟油

电子烟油主要原料丙二醇（PG）、蔬菜甘油又叫丙三醇（VG）、香精、尼古丁、口感改善添加剂，根据《南宁市城市轨道交通禁止限制乘客携带的具体物品目录》，不属于违禁品，可以携带进站。电子烟油未拆封的，不需要经液体检测设施设备检测，可携带进站；若电子烟油包装已拆封，则需经液体检测设施设备检测，经检测不合格的，禁止携带进站乘车（电子烟油无毫升数限制）。

五、携带液体进站乘车

（1）包装完好的液体：包装完好且未拆封的液体如在附近超市购买的，提供购物小票方可通过安检。

（2）拆封包装的液体：单瓶饮料须让乘客当场品尝；凡大瓶散装液体须经液体检测设备检测；凡遇到无明显标识、且已拆封的液体容器，须经液体检测设施设备检测。经液体检测仪监测不合格的液体，禁止携带进站乘车。

六、安检工作站发现乘客携带医疗类物品（如注射器、医用针、解剖刀、手术刀、玻璃试管等）的处置

首先观察包装是否有医疗废物标志，若乘客所携带医疗类物品已经进行密封包装情况下，安检人员核实乘客提供的产品或身份信息（医师护士证、单位营业执照、产品合格证明）后可给予携带进站。

七、陶瓷刀类物品

安检工作站发现乘客携带有陶瓷刀具进站乘车时，安检人员参照金属刀管理规范进行处置。

八、工具刀、器具类物品

螺丝刀（螺丝批）不列入锤子、钢（铁）锉、铁棍等金属工器具中，3把以上作记录；剪刀类工具刀列入水果刀、工艺刀、工具刀项目，单品限量携带1把，累计限量不超过3把，且刀刃部分在10厘米以下。

九、汽车润滑油、机油

包装完好，瓶身无明显污渍，未开封的可以携带进入地铁车站。

十、面对孕妇的手检工作

如遇明显为孕妇（或妇女提出孕妇情况），手持金属探测器安检人员应当使用手进行检查。

附录3 南宁市城市轨道交通安全检查操作规范

第一章 总则

第一条 为规范和加强城市轨道交通安检工作，维护城市轨道交通运营安全，保障公共安全和人民生命财产安全，根据《中华人民共和国反恐怖主义法》《安全生产法》《南宁市城市轨道交通管理条例》等有关法律法规，制定本规范。

第二条 城市轨道交通安检是指对进入城市轨道交通车站的人员、物品进行安全检查，防止可能危及城市轨道交通和乘客生命财产安全的人员、物品进站、上车。

进站乘车人员应当接受安全检查。对发现携带禁限带物品的，由有关部门和单位依法依规予以查处。

第三条 城市轨道交通安检工作坚持"运营服从安全""安全与便捷并重"的原则，采取人机结合的方式，时间与运营时间同步，做到规范、严格、文明、高效。

第四条 本规范所称轨道交通是指地铁、轻轨、有轨电车等采用专用轨道导向运行的城市公共客运交通系统。

第五条 凡在我市行政区域内从事轨道交通安全检查工作的，均适用本规范。

第二章 组织实施

第六条 城市轨道交通运营单位依法承担安检工作主体责任，具体组织实施本单位的安检工作。

（一）建立安检工作责任体系，明确主管领导，设立专门管理机构，配备管理人员，建立健全相关管理制度，加强监督管理。

（二）制定落实安检勤务管理制度、操作规程、勤务方案和突发事件处置预案等，组织开展培训和演练。

（三）配备足够的安检工作人员。制定落实安检工作人员招录、培训、使用和背景核查等制度。

（四）建立落实安检设备、设施维护保养、检测维修等制度。对不符合安全标准和条件的，及时修复或更新。

（五）加强日常管理和监督考核，接受监督检查，及时发现、消除隐患。

（六）建立落实安检工作宣传制度，公示乘坐城市轨道交通禁止限制携带物品目录。

（七）建立健全安检工作奖惩制度和举报投诉制度。

（八）将安检设备、设施的购置、维护、维修和安检工作人员管理、使用等所需经费纳入单位成本核算。

（九）建立落实情况报备、报告制度。将本单位安检工作管理机构及主要负责人员、管理制度、操作规程、勤务方案和突发事件应对处置预案等报市级公安机关、交通运输部门备案，并定期报告有关工作落实情况。

第七条 公安、交通运输等部门依法落实对城市轨道交通安检工作的监督管理责任。

（一）公安机关负责城市轨道交通安检工作的监督、指导，督促运营单位落实安检主体责任，指导运营单位依法做好安检工作人员背景审核，依法查处安检中发现的违法犯罪行为。

（二）交通运输主管部门负责把安检工作纳入考核体系，并参考公安机关出具的意见进行考核。

第三章 安检场地、设施

第八条 城市轨道交通车站应设置安检区，并预留候检（缓冲）区，确保必要的通过条件、作业条件和疏散能力等。

第九条 安检区宜设在车站出入口，并按照与进站乘车客流量相匹配的原则，设置一个或多个安检通道。进入城市轨道交通车站的人员、物品须经安检通道。

第十条 每个安检通道应配置经检验合格并取得使用许可证的以下安检设备、设施和仪器：

（一）通道式安检机。

（二）通过式安检门。

（三）炸弹探测仪。

（四）液体检测仪。

（五）金属检测仪。

鼓励研发推广具有快速自动识别报警功能的安检设备、设施和仪器。

第十一条 安检区设置以下配套、附属设施、装备

（一）宜配置违禁物品检测台、收储箱（柜），危险物品储存罐。

（二）候检（缓冲）区应设置引导标识和疏导、隔离设施等，配备防爆防护、通信联络、应急救援等装备、器材。

（三）监控探头应覆盖安检区。

城市轨道交通安检安保岗位实务

（四）候检（缓冲）区外沿应设置防冲撞设施、装置。

（五）宜配备工作犬。

第四章 安检勤务要求

第十二条 基本要求

（一）安检工作人员值检时应着制式服装，佩带证件上岗，使用规范用语，文明礼貌，不得从事与安检无关的活动，尽最大可能提高安检效率。

（二）安检工作人员值检时按照有关管理制度、操作规程、勤务方案等作业，做到逢包必检、逢液必查、逢疑必问。

（三）安检工作人员值检时应提示、引导进入城市轨道交通车站的人员配合接受安检。

（四）进站人员的安检原则上由同性别的安检工作人员实施，女性人员应当由女性安检工作人员实施。

第十三条 安检人员岗位职责

（一）轨道交通安检按照作业单元标准进行组织。

安检作业单元人员标准配置：每1台通道式安检机配备3～5名安检人员。其中：指挥员1人、值机员1人、手检员1人、引导员1人、安全员1人。

运营单位可以根据乘客流量和安检设备通过能力等情况，对各安检工作站（点）安检人员配置进行适当调配，但每个安检工作站（点）的人员配置最低不得少于3人。其中：指挥员1人，手检员1人，值机员1人。

（二）引导员（兼指挥员）位于安检通道前1米左右处，负责宣传、引导、提示乘客接受安检；协助受检人将被检物品放置在传送带上，同时观察受检人的神态、动作，遇有可疑情况，示意值机员实施重点检查；负责安检人员站位、协调安检相关工作；定时向安检指挥机构报告情况，如有紧急情况应立即报告。

（三）值机员负责辨别通道式安检机监视器上受检行李图像中的物品形状、种类，将需要开箱（包）检查的行李及重点检查部位通知手检员。

（四）手检员（兼安全员）位于通道式安检机后，对经通道式安检机发现的可疑物品使用爆炸品检查仪、液态危险品检查仪、金属探测等设备进一步检查，并随时观察受检人的神态、动作，保持警惕。负责维护安检区秩序，在直视范围内与受检人保持适当距离，控制安检中发现的可疑物品，观察并掌握可疑人员动向，遇有突发事件应迅速采取措施进行先期处置并报告公安机关。

运营单位对安检人员配置进行调配时，应当按照调配后的人员配置情况，对各岗位分工进行再划定，明确调配后安检人员的具体职责，做到人员减少后原岗位职责无疏漏，确保安检工作顺利进行。

第十四条 发现有下列情形的，应采取措施先期处置，并立即报告公安机关。

（一）携带枪支、弹药、管制器具及其仿制品的。

（二）声称携带爆炸性、毒害性、放射性、腐蚀性物质或者传染病病原体等违禁物品的。

（三）检查后不能排除可疑的。

（四）故意隐匿携带违禁物品通过安检的。

（五）拒不接受安检、不听劝阻强行进站乘车等妨碍安检勤务、扰乱现场秩序的。

（六）安检现场发现无主包裹等物品且无法找到物主、无法排除可疑的。

（七）其他可能威胁城市轨道交通安全的。

第十五条 安检发现进站乘车人员携带限带物品的，应劝其自弃后方可放行；对不愿自弃的，应拒绝其进站。

第十六条 妥善处置被查获的禁限带物品。

（一）对法律禁止携带的，交由公安机关处理。公安机关应逐一登记，包括物品名称种类、查获日期、物主基本信息等，并造册建账。

（二）对自弃的限带物品，由车站登记保管，并由运营单位、保安（安检）公司共同销毁处理。

第十七条 运营单位应定期对安检设备、设施和仪器进行检测。对通过式安检机等有射线设备的检测应按有关规定执行。

值检员上岗前应对有关设备、设施、仪器等进行检查，确认完好有效后方可作业。安检设备发生故障等问题时，应报运营单位及时维修或更新。

第十八条 因客流高峰、恶劣气候及设备故障等原因，造成候检区发生客流大量拥堵时，运营单位应采取措施维护现场秩序，加强客流疏导，并视情采取限制客流、封站等措施，及时公告。

第五章 安检工作程序

第十九条 班前准备

（一）在安检区内设置隔离线和人员疏导通道。

（二）做好通道式安检机等安检设备的调试。

（三）检查安检人员到岗、着装情况，部署安检任务，提出工作要求。

（四）做好安检设备及仪器的清点、记录工作。

（五）做好安检设备及安检设备摆放区域的清洁工作。

第二十条 实施安检

（一）要求进入轨道交通车站的人员将本人携带物品放置在通道式安检机上通过

检查。

（二）经通道式安检机及其他安检设备检查需要复检时，复检对包的底部、角部和内外侧小兜等部位，应当要求受检人自行打开或取出物品接受检查，并注意发现有无夹层。开箱（包）检查后应重新通过通道式安检机检查。

遇有受检人携带的特殊物品，不便或无法用通道式安检机检查的，可用人工检查方法进行检查。对乘客声明不宜公开检查的物品，应当征得其同意后，单独实施检查。

（三）实施安检时，安检人员应统一着装，佩戴安检岗位标识。

第二十一条 结束作业

（一）关闭设备。

（二）对设备进行清点后安全存放。

（三）做好当日安检工作数据统计和物品处理工作。

（四）对于当天收缴的违禁物品，如需紧急处理的，应在收缴后，立即转移至远离车站的安全区域并妥善处置；对于收缴的其他类违禁品，原则上不能在车站过夜，应当天清理出车站。

第二十二条 交接班

（一）交接班应当书面交接填写《安检交接班记录》。

（二）交接班内容包括：上级指示、问题及处理结果、设备情况、遗留问题、需注意事项等。交班人员在接班人员完成岗位接替后方可离岗。

第六章 安检工作人员管理

第二十三条 城市轨道交通运营单位配备安检工作人员的数量应符合以下要求：

（一）每个安检通道每班至少 3 名值检员，其中应明确 1 名指挥员。

（二）每个站区应适量配备备勤安检工作人员。

（三）重点车站及重大活动、重要节假日期间及客流高峰时段，根据需要临时增配安检工作人员。

第二十四条 城市轨道交通运营单位招录的安检工作人员应符合以下条件：

（一）具有初中以上文化程度，自愿从事安检工作。

（二）遵纪守法，作风正派，品质良好。

（三）年满 18 周岁。

（四）身体健康，五官端正，无残疾，无重听，无口吃，其中值机员无色盲、色弱，矫正视力在 1.0 以上。

（五）背景审核合格。

第二十五条 上岗值检的安检工作人员应符合以下要求：

（一）经运营单位培训合格，并核发上岗证后方可持证上岗。

（二）有较强安全意识和责任心，自觉遵守各项规章制度，服从安排，听从指挥，积极完成工作任务。

（三）熟练掌握有关操作规程、检测技能等，具备识别、处理违禁物品的能力。

（四）了解掌握突发事件处置流程，能够按照有关规定报告、处理有关事项，具备必要的自救互救等应急处置能力。

第二十六条　城市轨道交通运营单位招聘录用安检工作人员应符合《劳动合同法》有关规定，明确双方的权利、义务及安检工作人员的福利待遇等。

在有射线设备的区域值检的安检工作人员连续工作时间不得超过 60 分钟，每天累计工作时间不得超过 8 小时。

第二十七条　城市轨道交通运营单位应制订培训计划，以识别和处置违禁物品为重点，组织对安检工作人员进行安全防范知识、安检操作规程、安检勤务技能、职业道德礼仪、突发事件处置等方面的知识、技能培训，并定期组织开展实战演练。

第二十八条　城市轨道交通运营单位应组织对安检工作进行检查考核。对表现突出的，应给予表彰、奖励；对因工负伤、见义勇为的，依照国家有关规定给予抚恤。造成严重后果和恶劣影响的，给予批评教育、警告、调整岗位和辞退等处分；对违法犯罪的，移交有关部门依法追究责任。

第七章　附　则

第二十九条　城市轨道交通运营单位对进站收班的车辆应进行全面检查，及时发现、有效处理可疑情况。

第三十条　对监管部门、运营单位违反有关规定的，依法依规追究有关责任。

第三十一条　本规范自公布之日起施行。

参 考 文 献

［1］马善梅.城市轨道交通安检实务[M].上海：上海交通大学出版社,2018.
［2］隋东旭.城市轨道交通安检工作实务[M].北京：北京交通大学出版社,2019.
［3］刘柱军,贾天丽.城市轨道交通安检实务[M].北京：人民交通出版社,2021.
［4］上海市保安职业技术学校.城市轨道交通危险品、违禁品安检理论与实务[M].北京：中国劳动社会保障出版社,2018.
［5］高佩华.安检仪器使用与维护[M].北京：中国民航出版社,2015.
［6］黄健,李选华,刘亚磊.城市轨道交通安全管理[M].上海：上海交通大学出版社,2018.
［7］高蓉.城市轨道交通服务礼仪[M].北京：人民交通出版社,2017.
［8］盛虎.安保勤务与安全检查[M].武汉：武汉大学出版社,2015.
［9］王博,申碧涛.城市轨道交通应急处理实务[M].北京：人民交通出版社,2017.
［10］刘奇,徐新玉.城市轨道交通应急处理[M].北京：人民交通出版社,2014.